# STAR WARS
# EL IMPERIO

## VOLUMEN UNO: TRAICIÓN

DARK HORSE COMICS®

Los sucesos de esta historia
ocurren justo en las semanas
previas a los acontecimientos de
STAR WARS: Una Nueva Esperanza.

## STAR WARS:
## El Imperio Volumen 1

Este volumen incluye los ejemplares
uno a cuatro de la serie de cómics
Star Wars: El Imperio.

Publicado por
Dark Horse Comics, Inc.
10956 SE Main Street
Milwaukie, OR 97222

www.darkhorse.com
www.starwars.com

Servicio Gratuito de Localización de
Tiendas de Cómics: 1-888 266-4226

Primera edición
ISBN-10: 1-59307-582-0
ISBN-13: 987-1-59307-582-8

3 5 7 9 10 8 6 4 2

Impreso en China

# VOLUMEN UNO: TRAICIÓN

Autor SCOTT ALLIE

Arte RYAN BENJAMIN

Tintas CURTIS ARNOLD

Color DAVE STEWART

Letras MICHELLE MADSEN

Portada BOB EGGLETON

STAR WARS®
EL IMPERIO

EDITOR EN JEFE
MIKE RICHARDSON

DISEÑO DE LA COLECCIÓN
LANI SCHREIBSTEIN

DIRECCIÓN DE ARTE
MARK COX

EDITOR ASISTENTE
JEREMY BARLOW

EDITORES DE LA SERIE
SCOTT ALLIE
RANDY STRADLEY

EDITOR DE LA COLECCIÓN
RANDY STRADLEY

TRADUCCIÓN
CALIGRAMA EDITORES

AGRADECIMIENTO ESPECIAL A
LUCY AUTREY WILSON Y
CHRIS CERASI DE LUCAS LICENSING

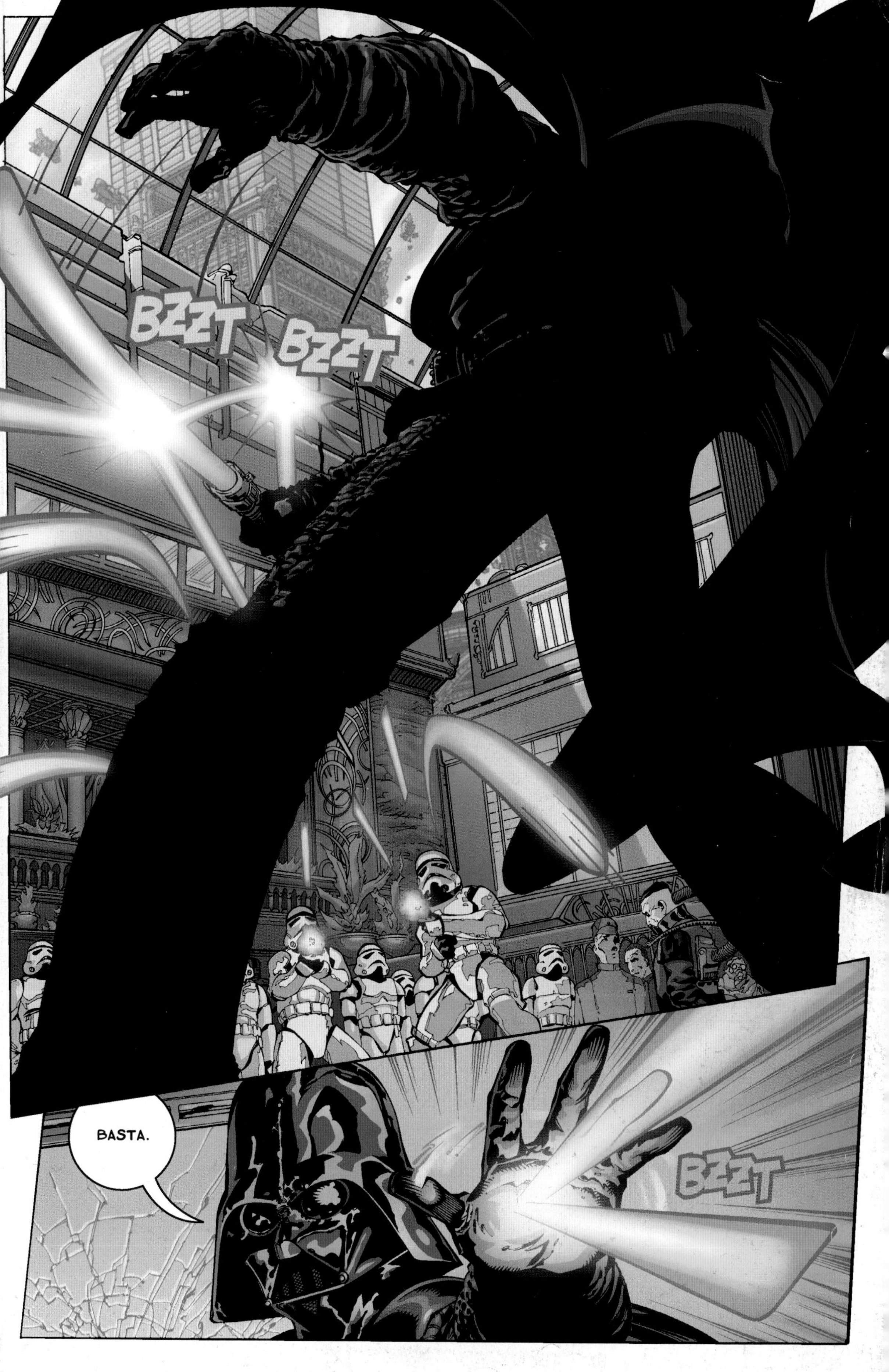
BZZT
BZZT
BASTA.
BZZT

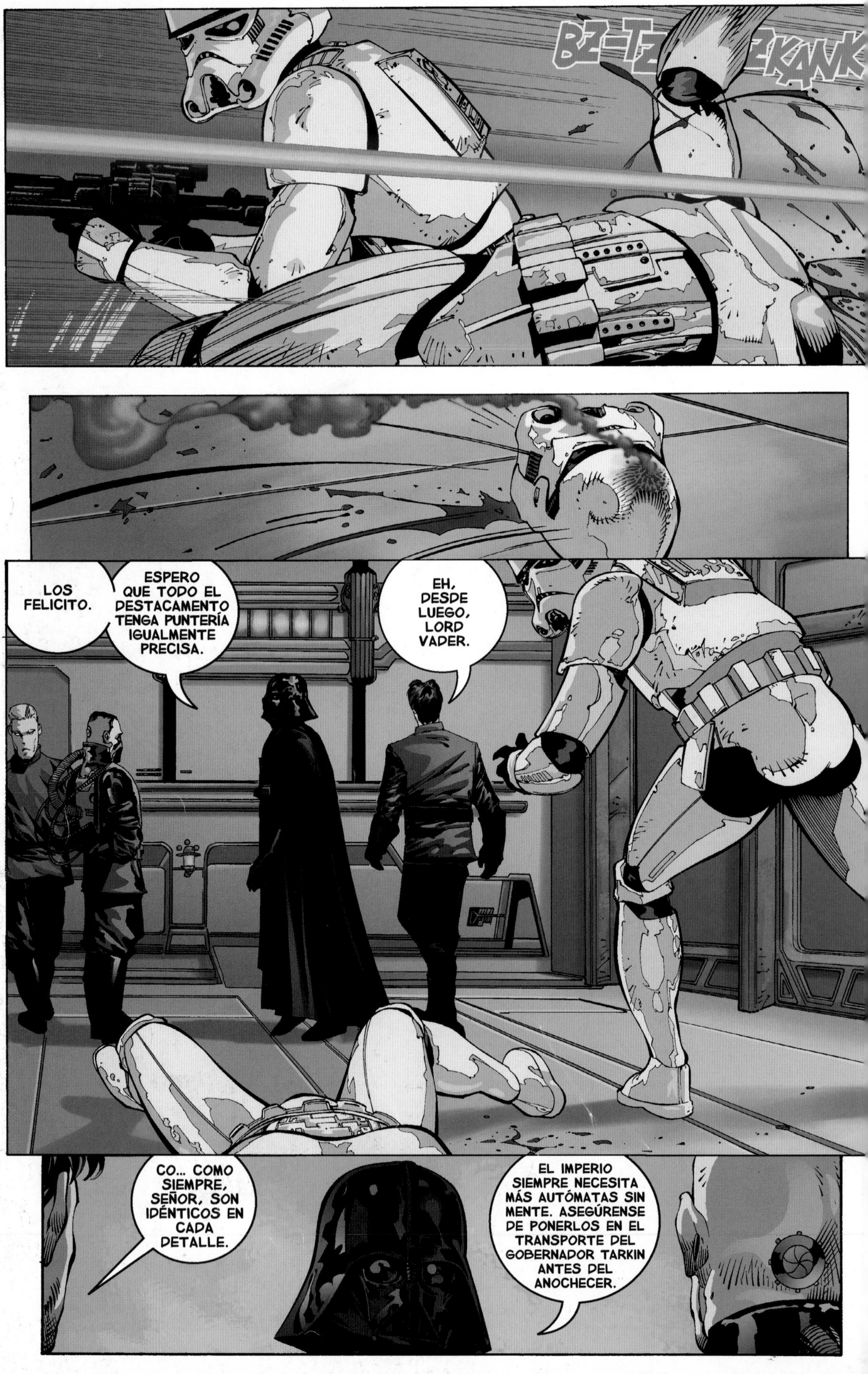
BZ-TZ
EKANK
LOS FELICITO.
ESPERO QUE TODO EL DESTACAMENTO TENGA PUNTERÍA IGUALMENTE PRECISA.
EH, DESDE LUEGO, LORD VADER.
CO... COMO SIEMPRE, SEÑOR, SON IDÉNTICOS EN CADA DETALLE.
EL IMPERIO SIEMPRE NECESITA MÁS AUTÓMATAS SIN MENTE. ASEGÚRENSE DE PONERLOS EN EL TRANSPORTE DEL GOBERNADOR TARKIN ANTES DEL ANOCHECER.

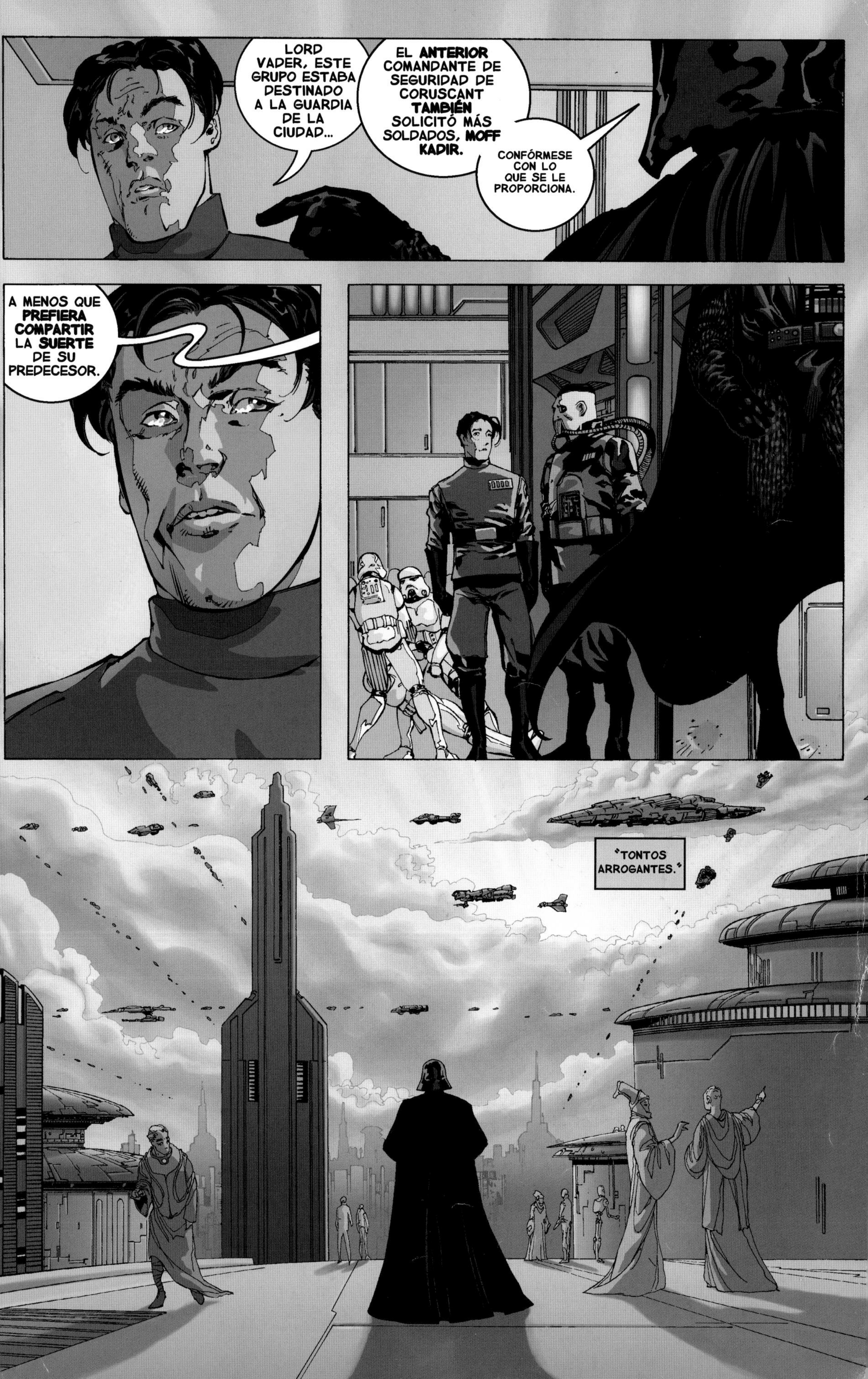
LORD VADER, ESTE GRUPO ESTABA DESTINADO A LA GUARDIA DE LA CIUDAD...
EL ANTERIOR COMANDANTE DE SEGURIDAD DE CORUSCANT TAMBIÉN SOLICITÓ MÁS SOLDADOS, MOFF KADIR.
CONFÓRMESE CON LO QUE SE LE PROPORCIONA.
A MENOS QUE PREFIERA COMPARTIR LA SUERTE DE SU PREDECESOR.
"TONTOS ARROGANTES."

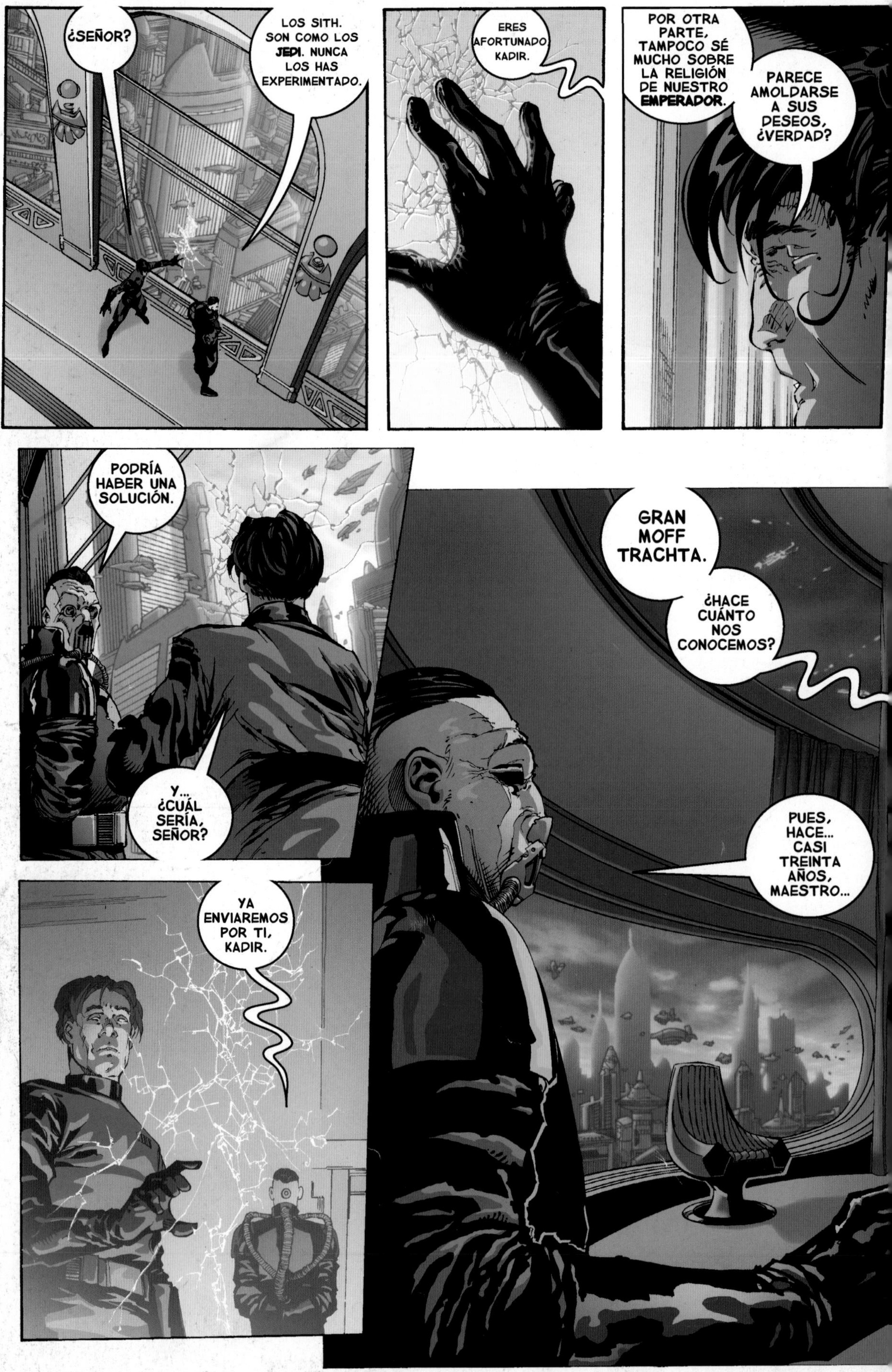

¿SEÑOR?
LOS SITH. SON COMO LOS JEDI. NUNCA LOS HAS EXPERIMENTADO.
ERES AFORTUNADO KADIR.
POR OTRA PARTE, TAMPOCO SÉ MUCHO SOBRE LA RELIGIÓN DE NUESTRO EMPERADOR.
PARECE AMOLDARSE A SUS DESEOS, ¿VERDAD?
PODRÍA HABER UNA SOLUCIÓN.
Y... ¿CUÁL SERÍA, SEÑOR?
YA ENVIAREMOS POR TI, KADIR.
GRAN MOFF TRACHTA.
¿HACE CUÁNTO NOS CONOCEMOS?
PUES, HACE... CASI TREINTA AÑOS, MAESTRO...

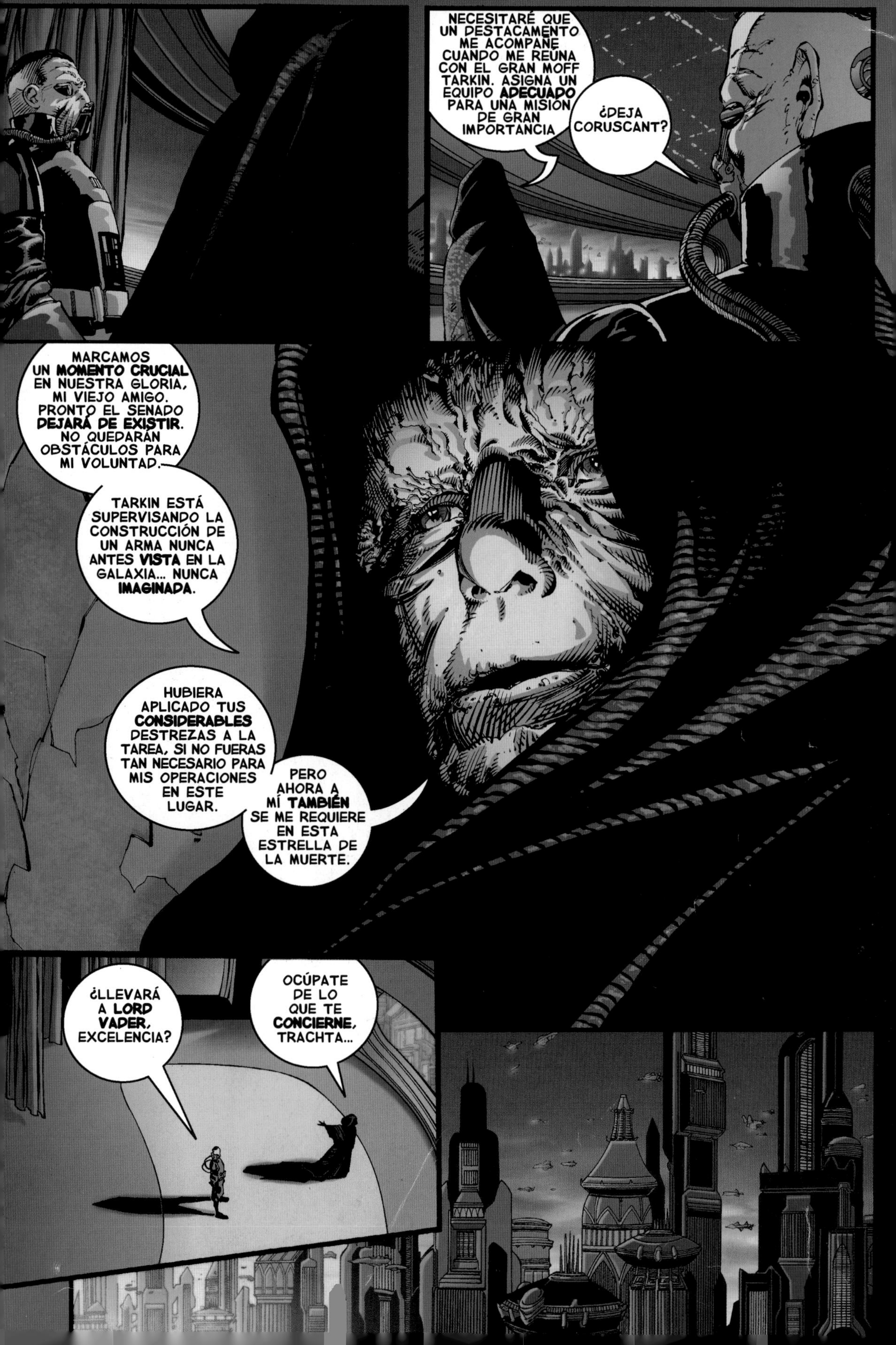
NECESITARÉ QUE UN DESTACAMENTO ME ACOMPAÑE CUANDO ME REÚNA CON EL GRAN MOFF TARKIN. ASIGNA UN EQUIPO ADECUADO PARA UNA MISIÓN DE GRAN IMPORTANCIA
¿DEJA CORUSCANT?
MARCAMOS UN MOMENTO CRUCIAL EN NUESTRA GLORIA, MI VIEJO AMIGO. PRONTO EL SENADO DEJARÁ DE EXISTIR. NO QUEDARÁN OBSTÁCULOS PARA MI VOLUNTAD.
TARKIN ESTÁ SUPERVISANDO LA CONSTRUCCIÓN DE UN ARMA NUNCA ANTES VISTA EN LA GALAXIA... NUNCA IMAGINADA.
HUBIERA APLICADO TUS CONSIDERABLES DESTREZAS A LA TAREA, SI NO FUERAS TAN NECESARIO PARA MIS OPERACIONES EN ESTE LUGAR.
PERO AHORA A MÍ TAMBIÉN SE ME REQUIERE EN ESTA ESTRELLA DE LA MUERTE.
¿LLEVARÁ A LORD VADER, EXCELENCIA?
OCÚPATE DE LO QUE TE CONCIERNE, TRACHTA...

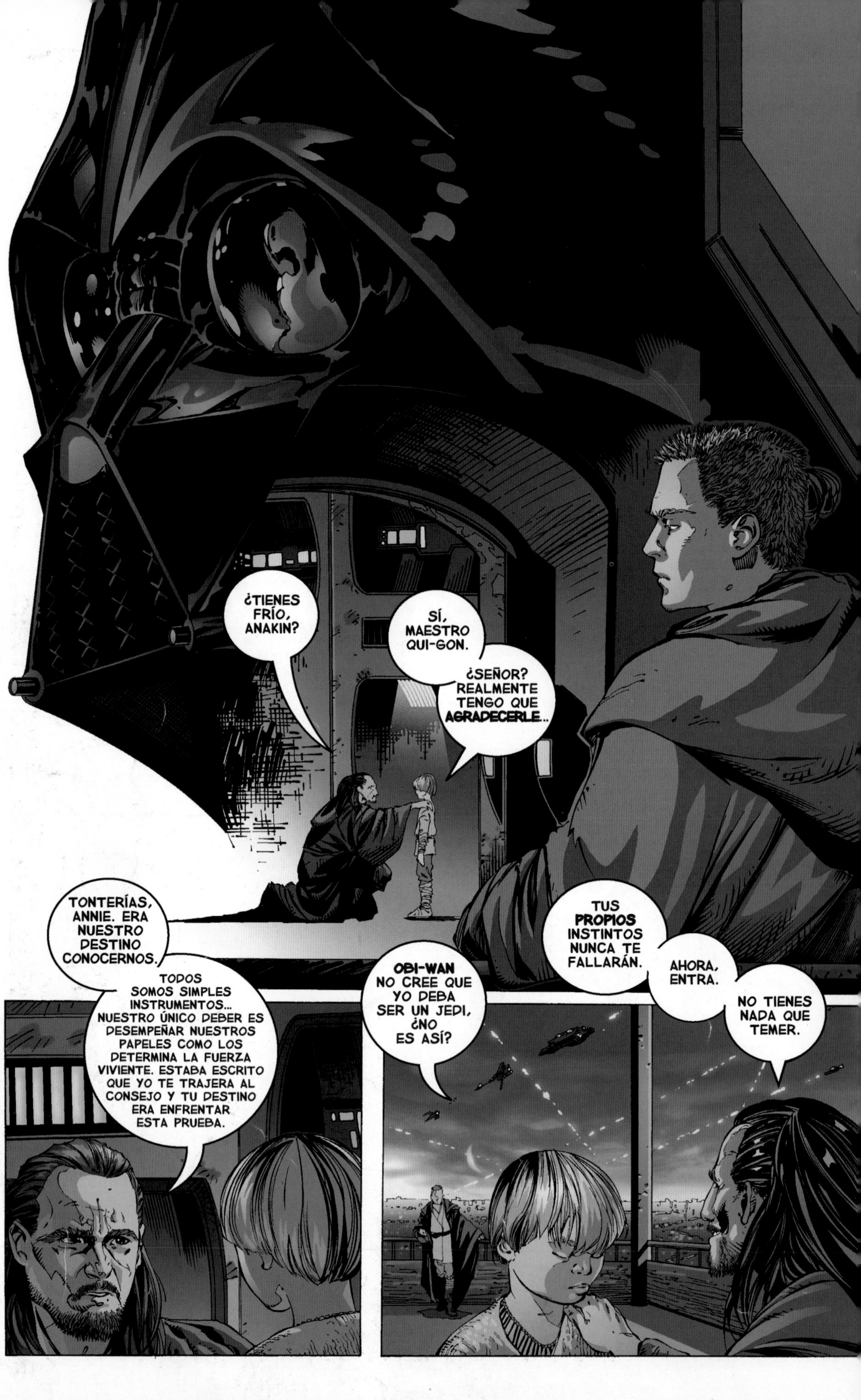
¿TIENES FRÍO, ANAKIN?
SÍ, MAESTRO QUI-GON.
¿SEÑOR? REALMENTE TENGO QUE AGRADECERLE...
TONTERÍAS, ANNIE. ERA NUESTRO DESTINO CONOCERNOS.
TODOS SOMOS SIMPLES INSTRUMENTOS... NUESTRO ÚNICO DEBER ES DESEMPEÑAR NUESTROS PAPELES COMO LOS DETERMINA LA FUERZA VIVIENTE. ESTABA ESCRITO QUE YO TE TRAJERA AL CONSEJO Y TU DESTINO ERA ENFRENTAR ESTA PRUEBA.
OBI-WAN NO CREE QUE YO DEBA SER UN JEDI, ¿NO ES ASÍ?
TUS PROPIOS INSTINTOS NUNCA TE FALLARÁN.
AHORA, ENTRA.
NO TIENES NADA QUE TEMER.

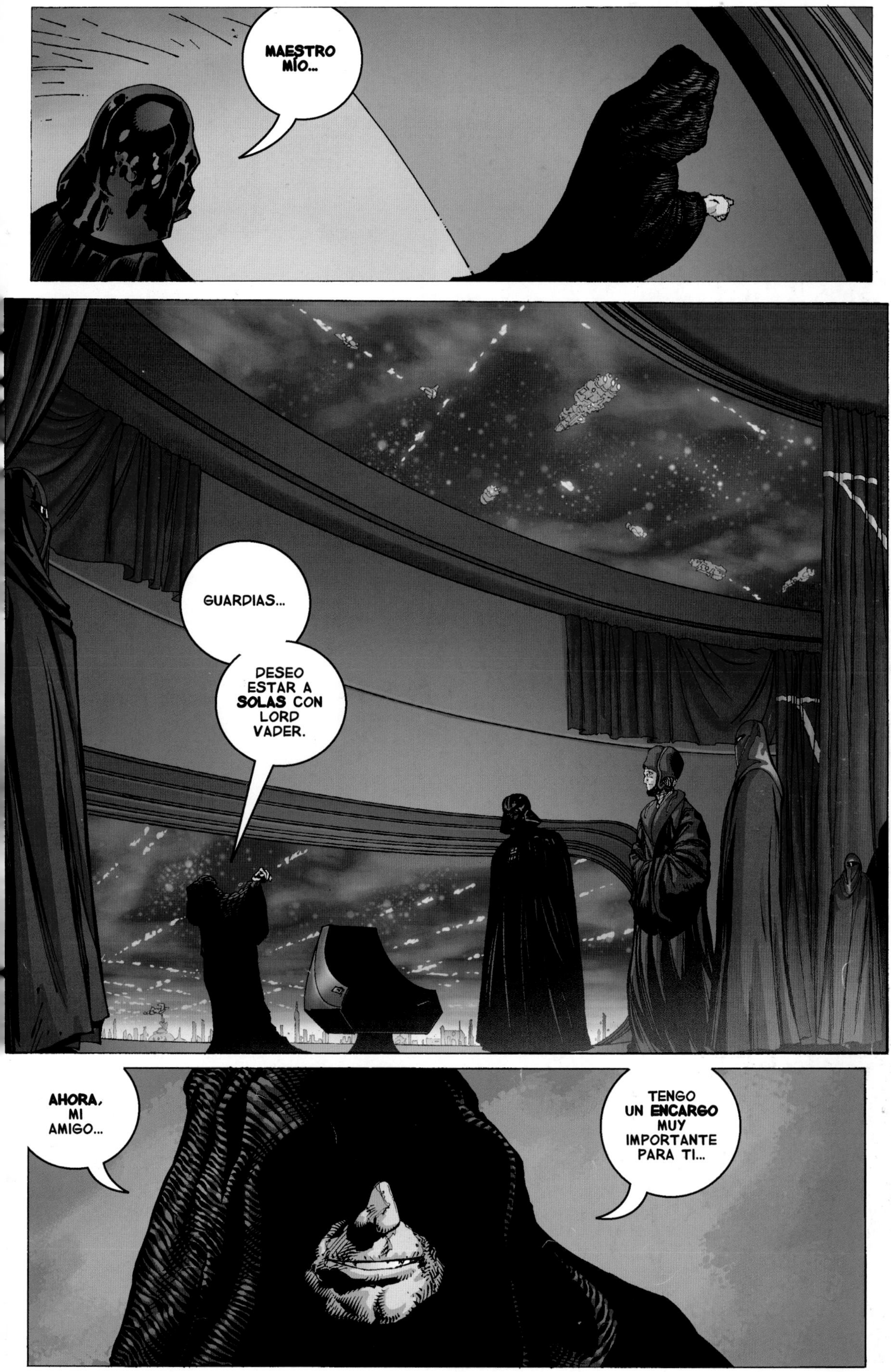
MAESTRO MÍO...
GUARDIAS...
DESEO ESTAR A **SOLAS** CON LORD VADER.
**AHORA,** MI AMIGO...
TENGO UN **ENCARGO** MUY IMPORTANTE PARA TI...

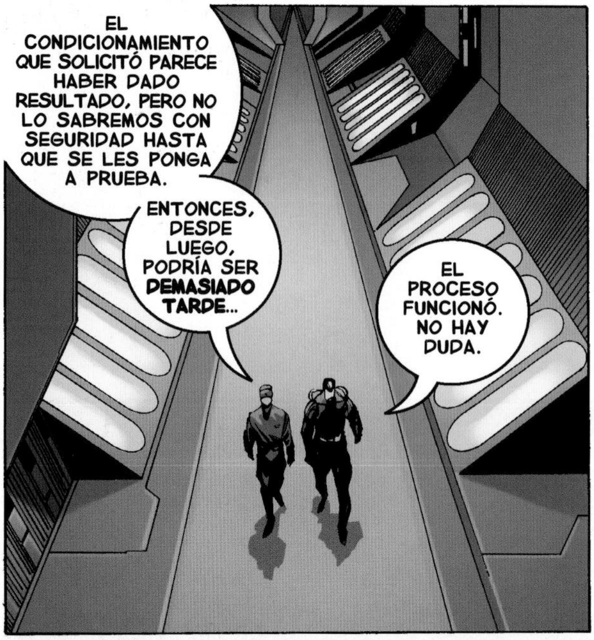
EL CONDICIONAMIENTO QUE SOLICITÓ PARECE HABER DADO RESULTADO, PERO NO LO SABREMOS CON SEGURIDAD HASTA QUE SE LES PONGA A PRUEBA.
ENTONCES, DESDE LUEGO, PODRÍA SER **DEMASIADO TARDE**...
EL PROCESO FUNCIONÓ. NO HAY DUDA.

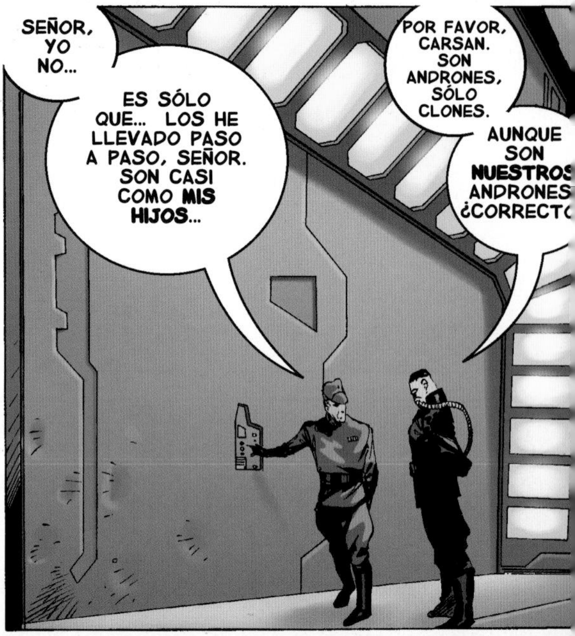
SEÑOR, YO NO...
ES SÓLO QUE... LOS HE LLEVADO PASO A PASO, SEÑOR. SON CASI COMO **MIS HIJOS**...
POR FAVOR, CARSAN. SON ANDRONES, SÓLO CLONES.
AUNQUE SON **NUESTROS** ANDRONES ¿CORRECT

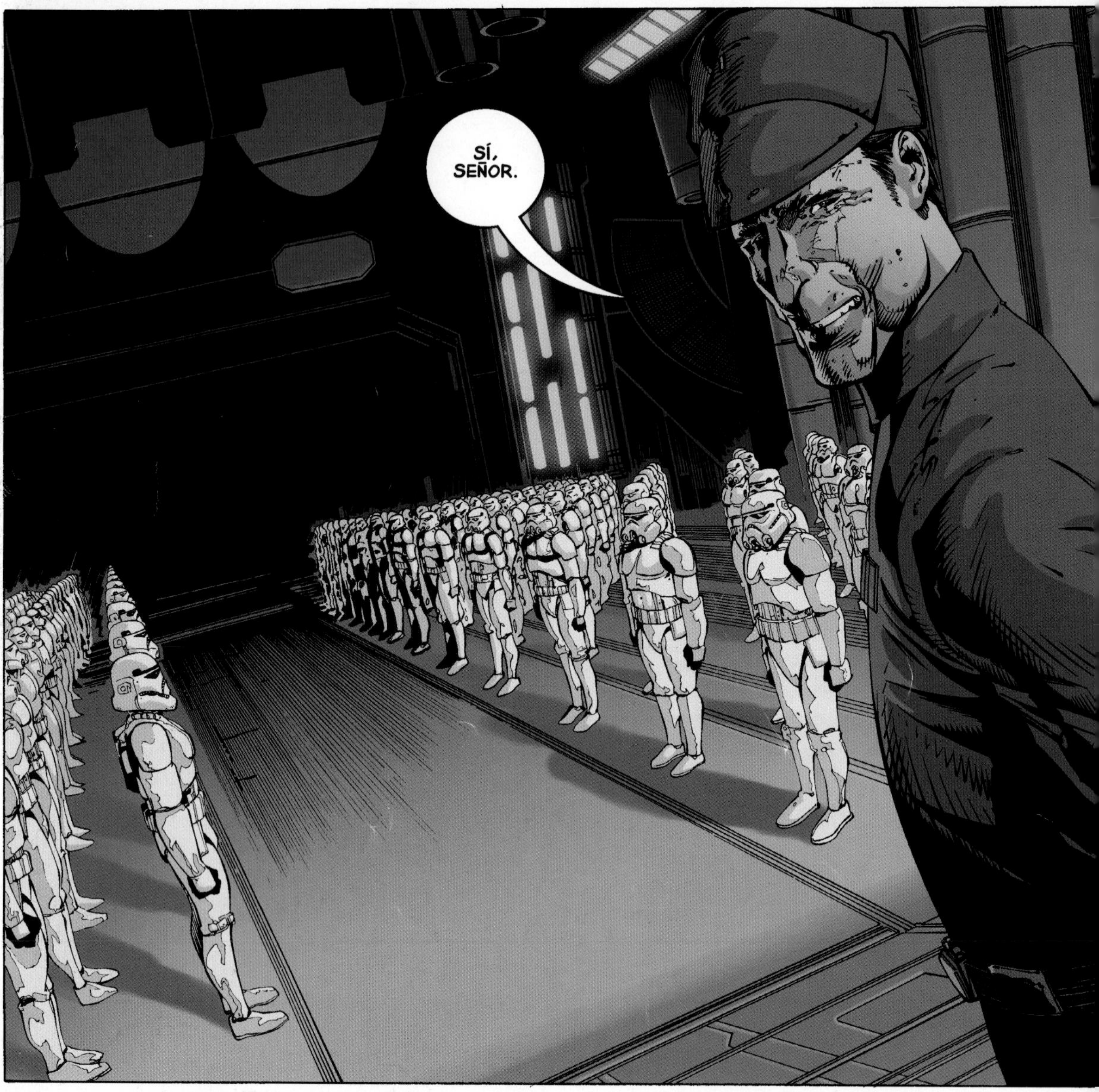
SÍ, SEÑOR.

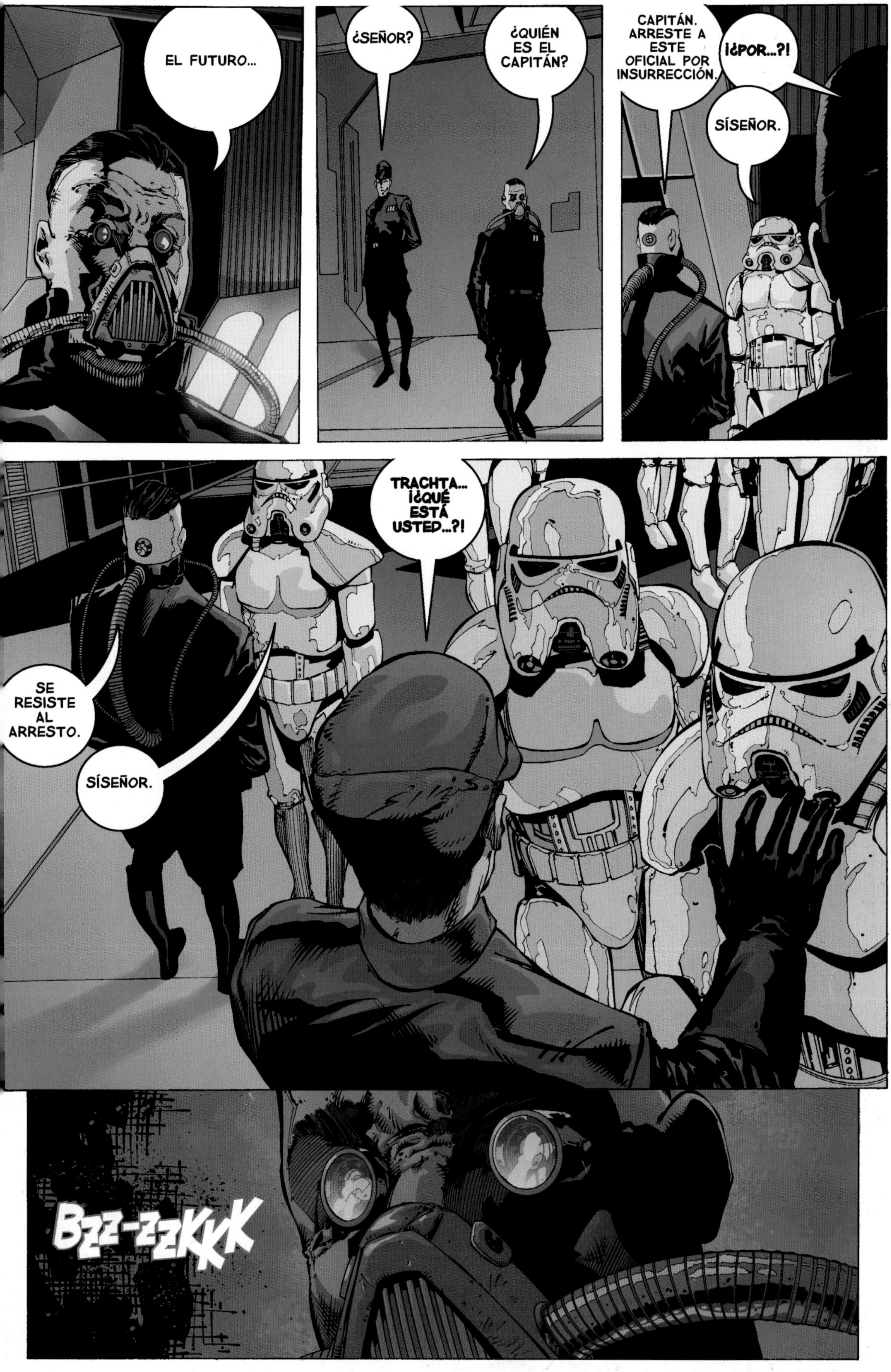
EL FUTURO...
¿SEÑOR?
¿QUIÉN ES EL CAPITÁN?
CAPITÁN. ARRESTE A ESTE OFICIAL POR INSURRECCIÓN.
¡¿POR...?!
SÍSEÑOR.
TRACHTA... ¡¿QUÉ ESTÁ USTED...?!
SE RESISTE AL ARRESTO.
SÍSEÑOR.
BZZ-ZZKKK

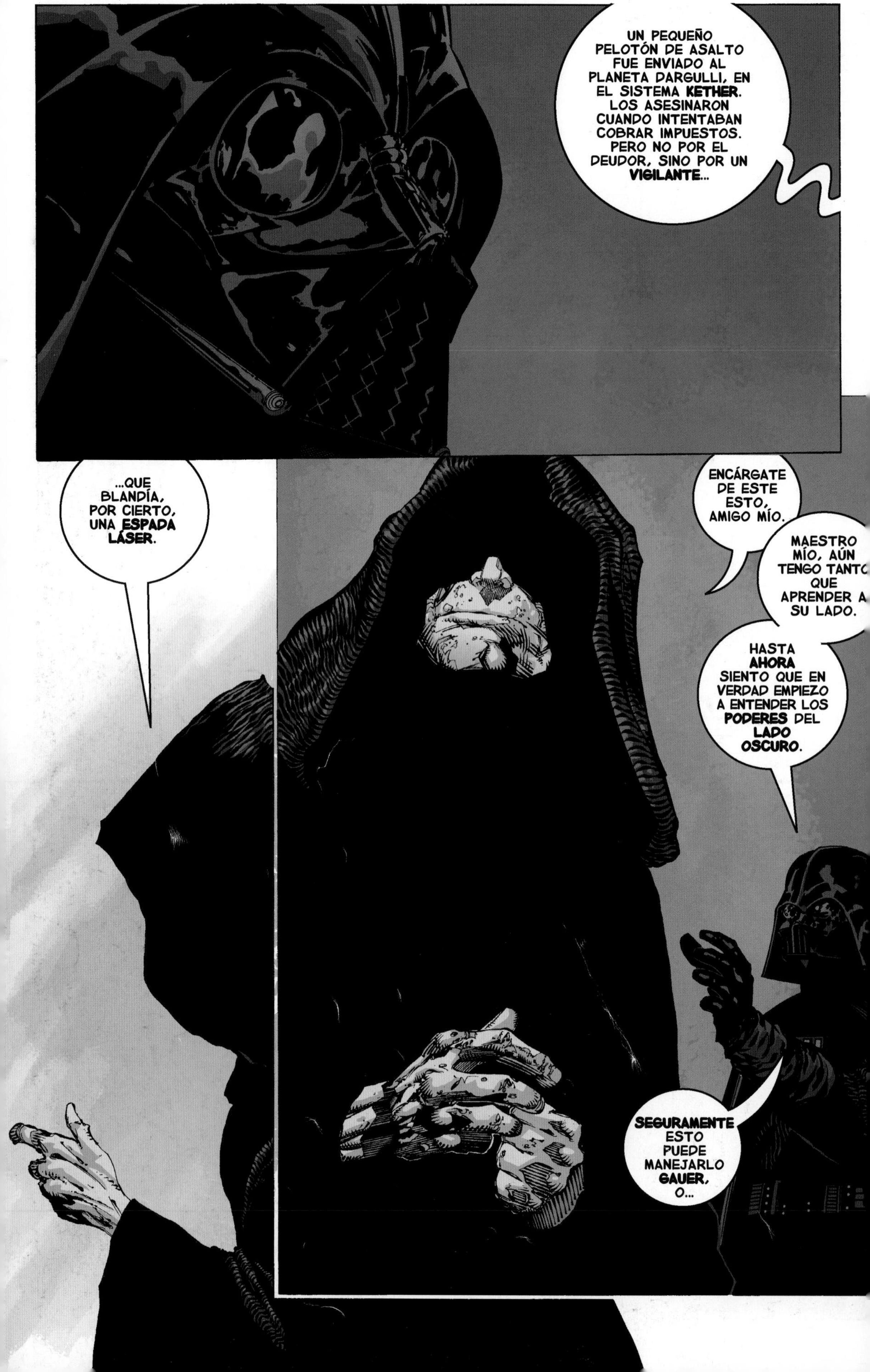
UN PEQUEÑO PELOTÓN DE ASALTO FUE ENVIADO AL PLANETA DARGULLI, EN EL SISTEMA KETHER. LOS ASESINARON CUANDO INTENTABAN COBRAR IMPUESTOS. PERO NO POR EL DEUDOR, SINO POR UN VIGILANTE...
...QUE BLANDÍA, POR CIERTO, UNA ESPADA LÁSER.
ENCÁRGATE DE ESTE ESTO, AMIGO MÍO.
MAESTRO MÍO, AÚN TENGO TANTO QUE APRENDER A SU LADO.
HASTA AHORA SIENTO QUE EN VERDAD EMPIEZO A ENTENDER LOS PODERES DEL LADO OSCURO.
SEGURAMENTE ESTO PUEDE MANEJARLO GAUER, O...

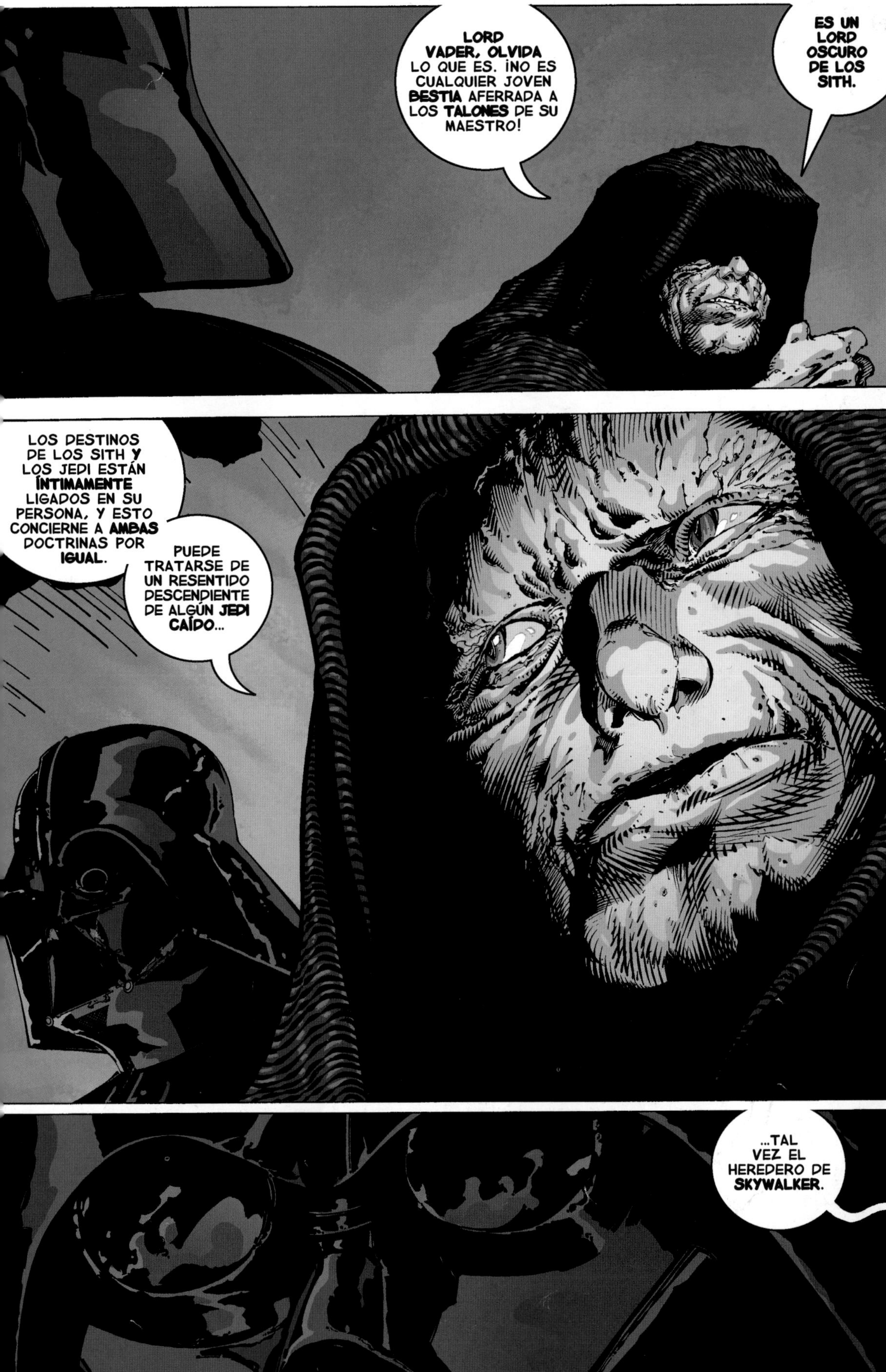
LORD VADER, OLVIDA LO QUE ES. ¡NO ES CUALQUIER JOVEN BESTIA AFERRADA A LOS TALONES DE SU MAESTRO!
ES UN LORD OSCURO DE LOS SITH.
LOS DESTINOS DE LOS SITH Y LOS JEDI ESTÁN ÍNTIMAMENTE LIGADOS EN SU PERSONA, Y ESTO CONCIERNE A AMBAS DOCTRINAS POR IGUAL.
PUEDE TRATARSE DE UN RESENTIDO DESCENDIENTE DE ALGÚN JEDI CAÍDO...
...TAL VEZ EL HEREDERO DE SKYWALKER.

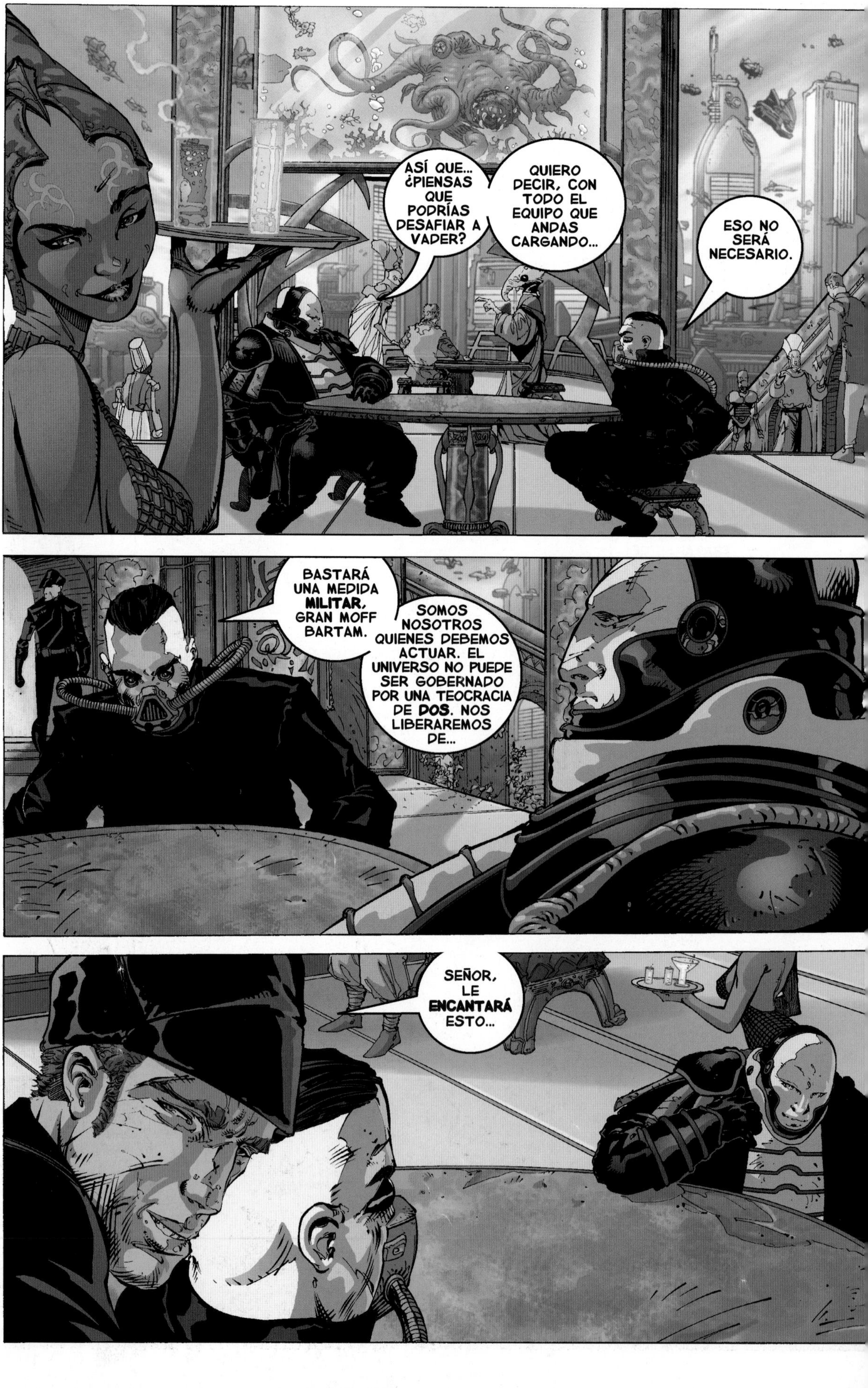
ASÍ QUE... ¿PIENSAS QUE PODRÍAS DESAFIAR A VADER?
QUIERO DECIR, CON TODO EL EQUIPO QUE ANDAS CARGANDO...
ESO NO SERÁ NECESARIO.
BASTARÁ UNA MEDIDA **MILITAR**, GRAN MOFF BARTAM.
SOMOS NOSOTROS QUIENES DEBEMOS ACTUAR. EL UNIVERSO NO PUEDE SER GOBERNADO POR UNA TEOCRACIA DE **DOS**. NOS LIBERAREMOS DE...
SEÑOR, LE **ENCANTARÁ** ESTO...

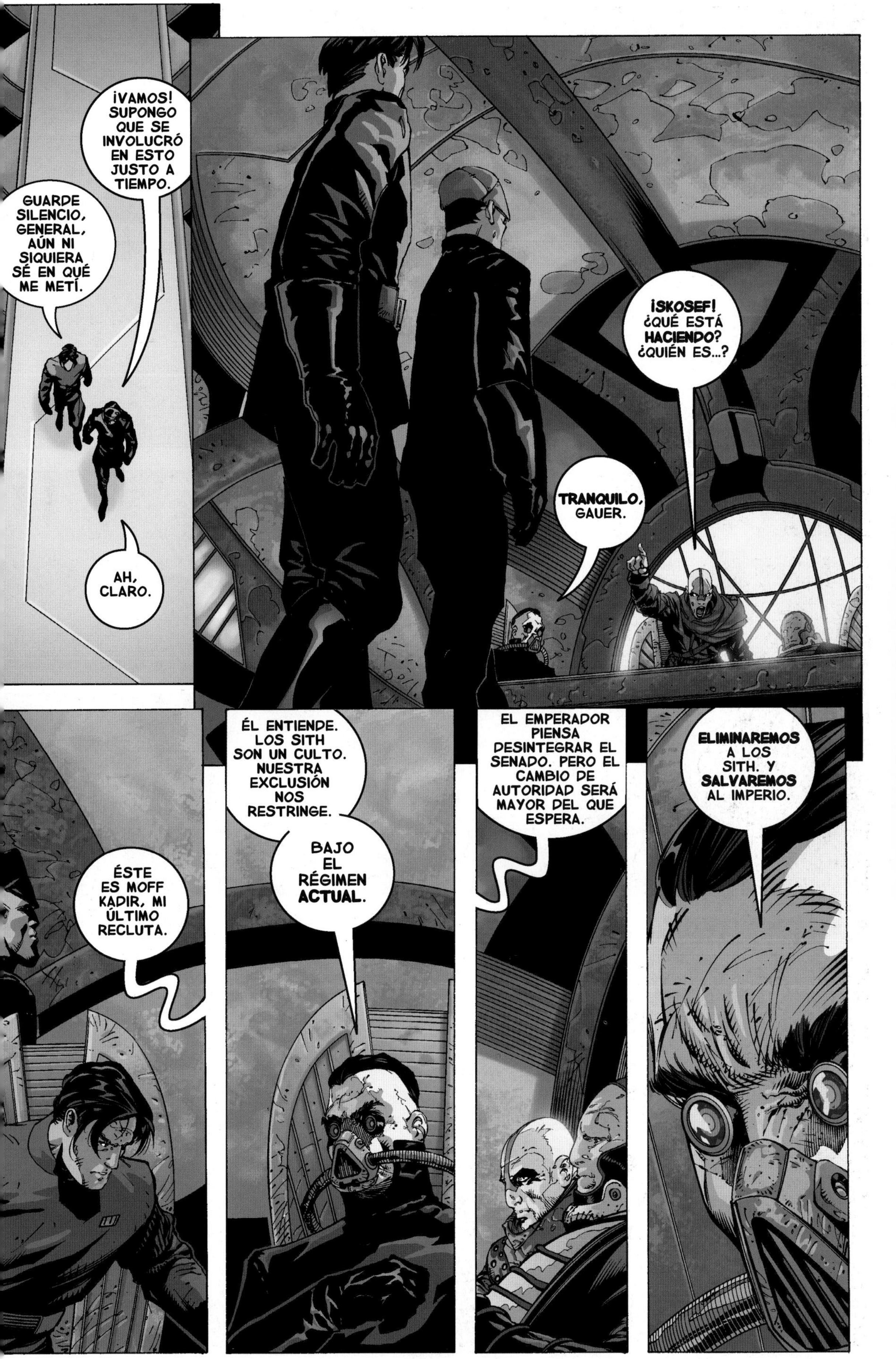
¡VAMOS! SUPONGO QUE SE INVOLUCRÓ EN ESTO JUSTO A TIEMPO.
GUARDE SILENCIO, GENERAL, AÚN NI SIQUIERA SÉ EN QUÉ ME METÍ.
AH, CLARO.
¡SKOSEF! ¿QUÉ ESTÁ HACIENDO? ¿QUIÉN ES...?
TRANQUILO, GAUER.
ÉSTE ES MOFF KADIR, MI ÚLTIMO RECLUTA.
ÉL ENTIENDE. LOS SITH SON UN CULTO. NUESTRA EXCLUSIÓN NOS RESTRINGE.
BAJO EL RÉGIMEN ACTUAL.
EL EMPERADOR PIENSA DESINTEGRAR EL SENADO. PERO EL CAMBIO DE AUTORIDAD SERÁ MAYOR DEL QUE ESPERA.
ELIMINAREMOS A LOS SITH. Y SALVAREMOS AL IMPERIO.

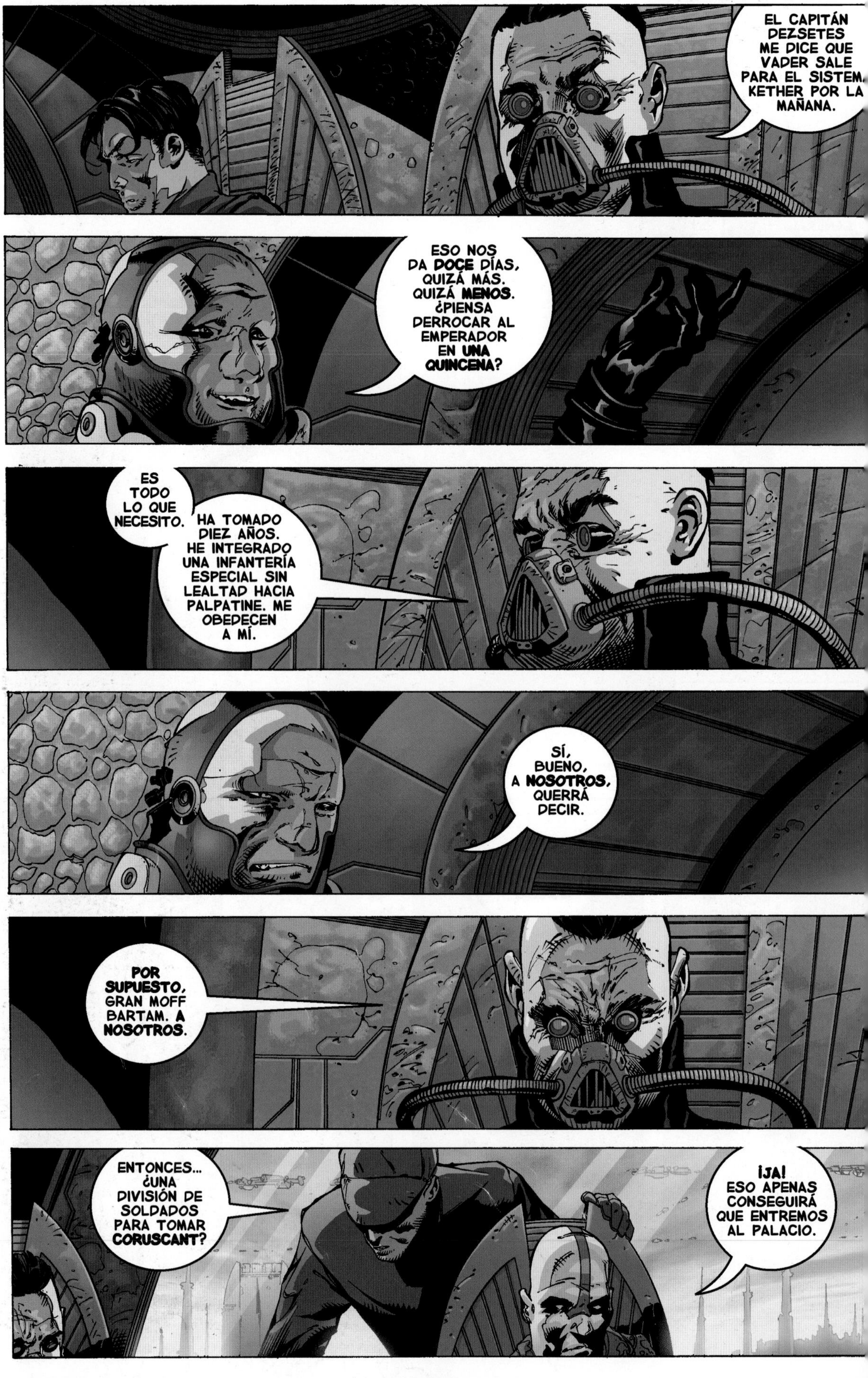
EL CAPITÁN DEZSETES ME DICE QUE VADER SALE PARA EL SISTEMA KETHER POR LA MAÑANA.
ESO NOS DA DOCE DÍAS, QUIZÁ MÁS. QUIZÁ MENOS. ¿PIENSA DERROCAR AL EMPERADOR EN UNA QUINCENA?
ES TODO LO QUE NECESITO.
HA TOMADO DIEZ AÑOS. HE INTEGRADO UNA INFANTERÍA ESPECIAL SIN LEALTAD HACIA PALPATINE. ME OBEDECEN A MÍ.
SÍ, BUENO, A NOSOTROS, QUERRÁ DECIR.
POR SUPUESTO, GRAN MOFF BARTAM. A NOSOTROS.
ENTONCES... ¿UNA DIVISIÓN DE SOLDADOS PARA TOMAR CORUSCANT?
¡JA! ESO APENAS CONSEGUIRÁ QUE ENTREMOS AL PALACIO.

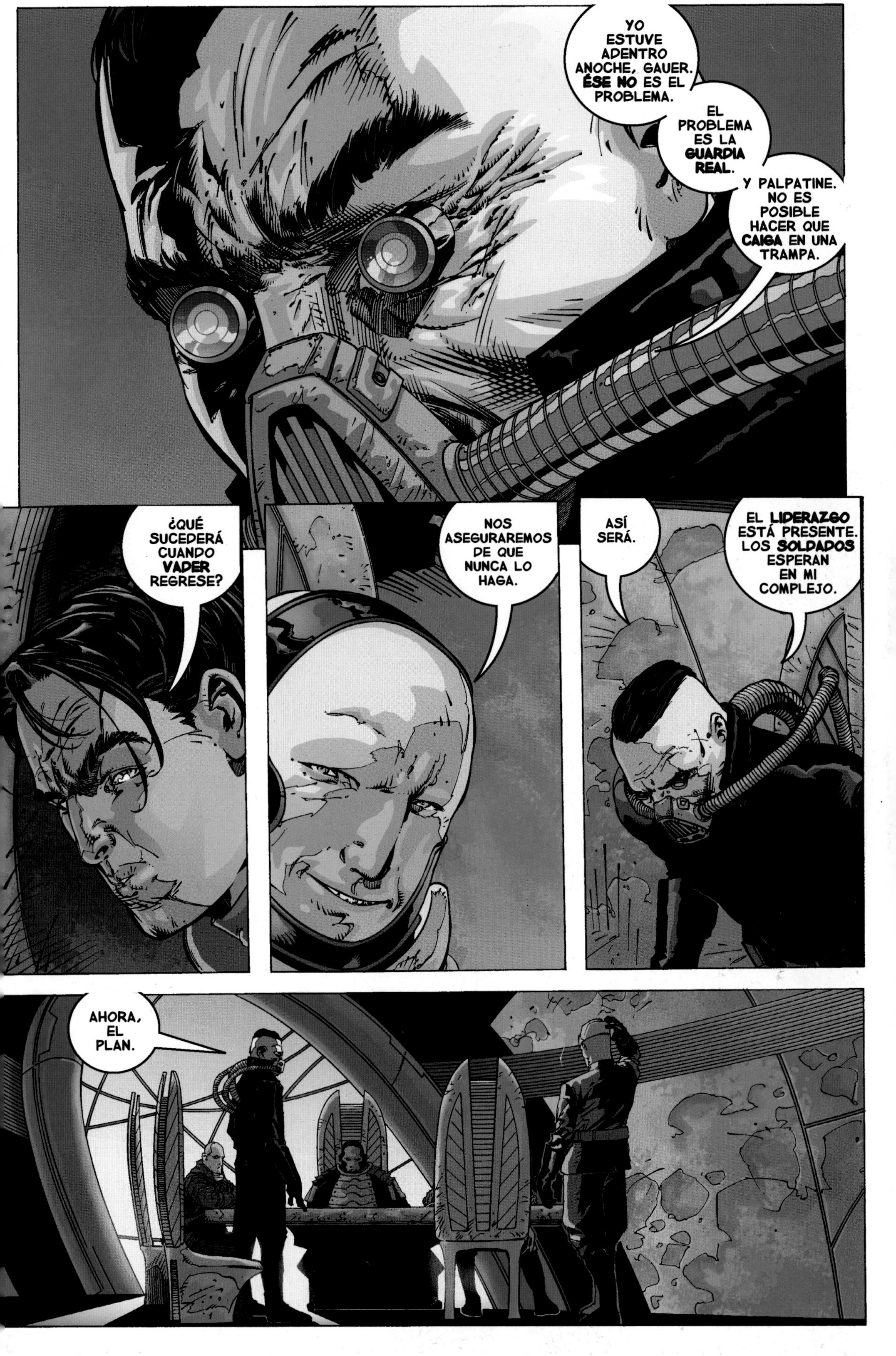
YO ESTUVE ADENTRO ANOCHE, GAUER. ÉSE NO ES EL PROBLEMA.
EL PROBLEMA ES LA GUARDIA REAL.
Y PALPATINE. NO ES POSIBLE HACER QUE CAIGA EN UNA TRAMPA.
¿QUÉ SUCEDERÁ CUANDO VADER REGRESE?
NOS ASEGURAREMOS DE QUE NUNCA LO HAGA.
ASÍ SERÁ.
EL LIDERAZGO ESTÁ PRESENTE. LOS SOLDADOS ESPERAN EN MI COMPLEJO.
AHORA, EL PLAN.

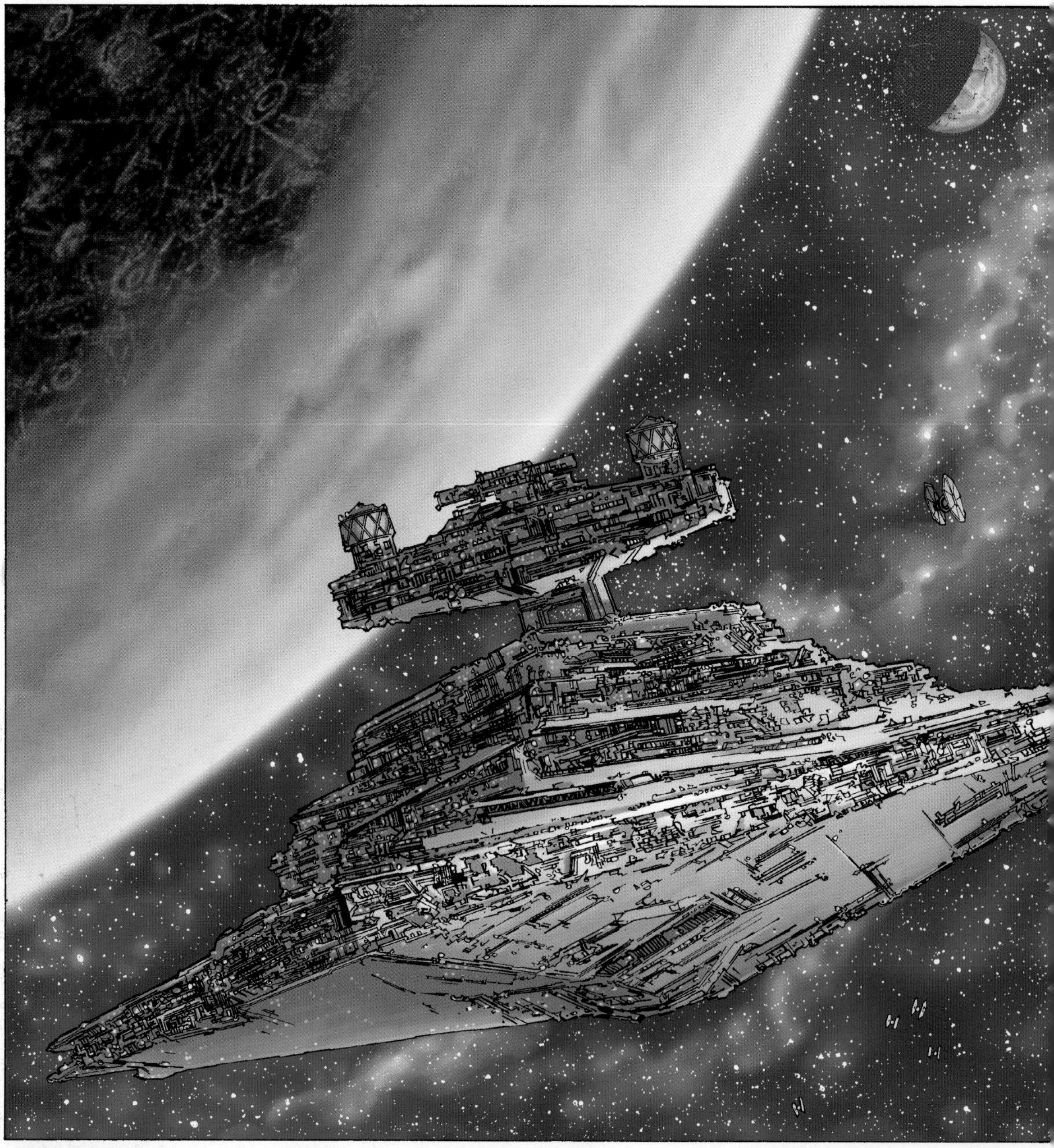

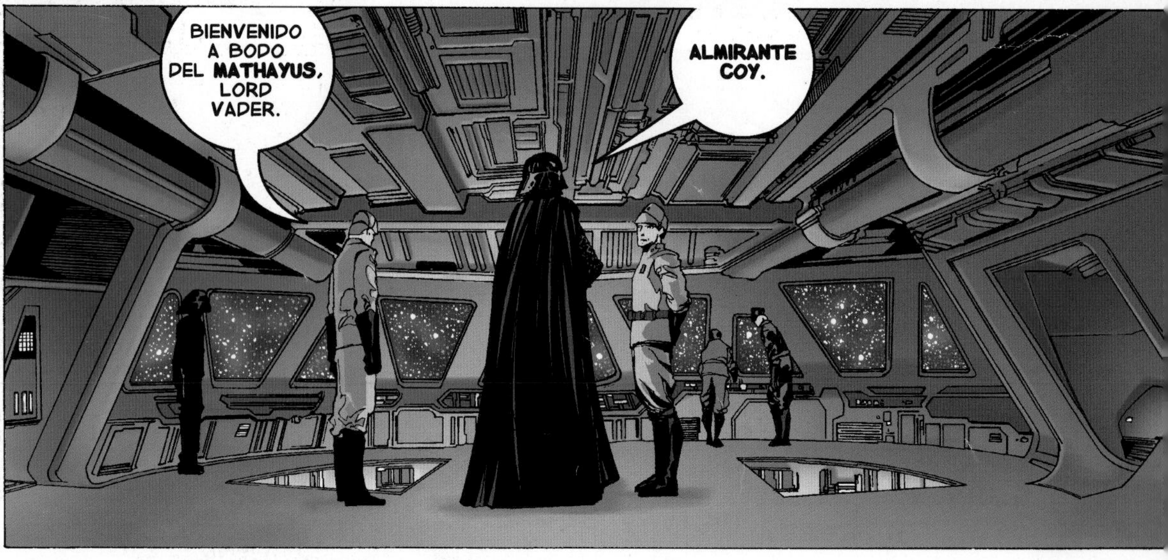
BIENVENIDO A BODO DEL MATHAYUS, LORD VADER.
ALMIRANTE COY.

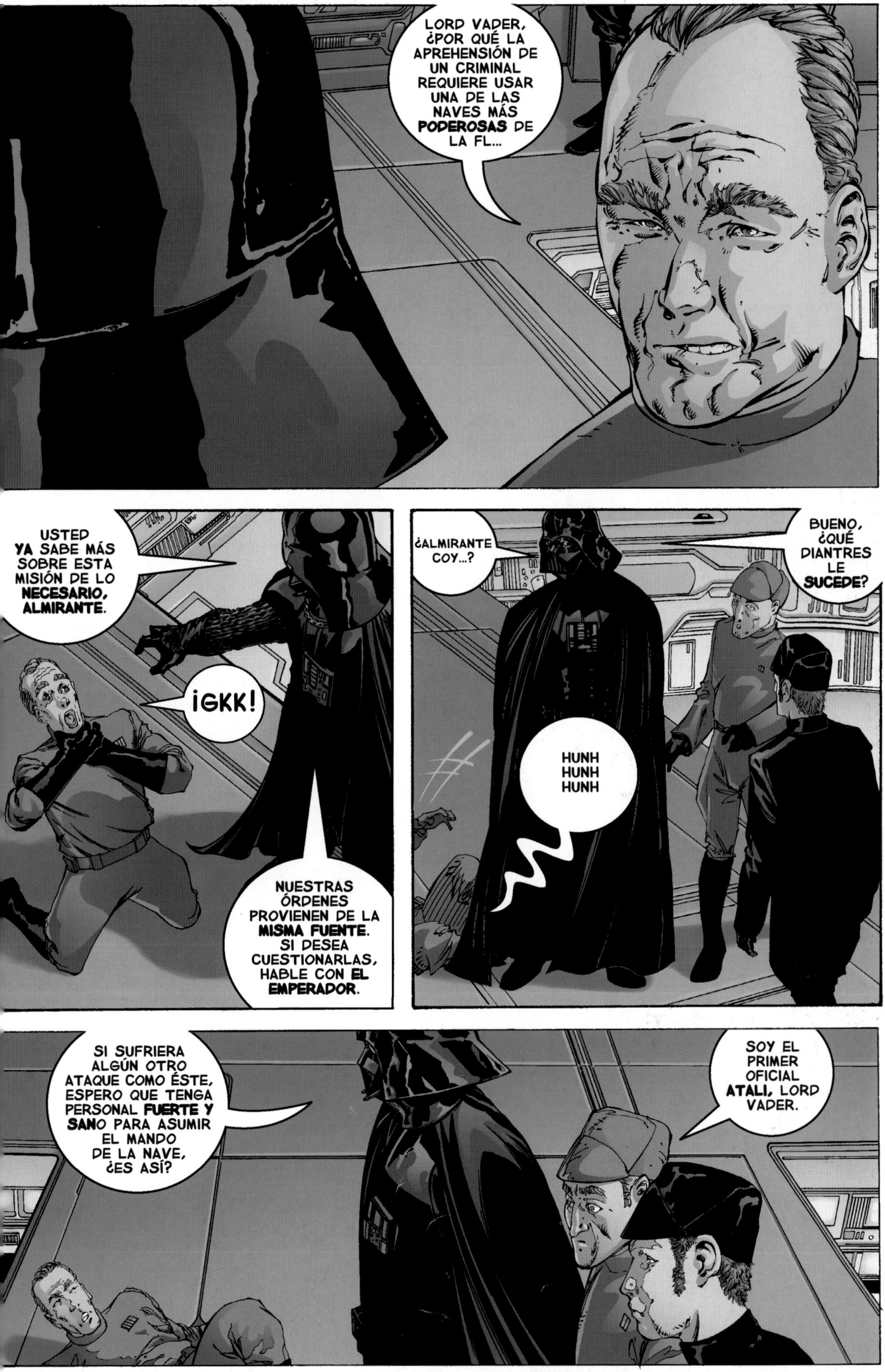
LORD VADER, ¿POR QUÉ LA APREHENSIÓN DE UN CRIMINAL REQUIERE USAR UNA DE LAS NAVES MÁS PODEROSAS DE LA FL...
USTED YA SABE MÁS SOBRE ESTA MISIÓN DE LO NECESARIO, ALMIRANTE.
¡GKK!
NUESTRAS ÓRDENES PROVIENEN DE LA MISMA FUENTE. SI DESEA CUESTIONARLAS, HABLE CON EL EMPERADOR.
¿ALMIRANTE COY...?
BUENO, ¿QUÉ DIANTRES LE SUCEDE?
HUNH HUNH HUNH
SI SUFRIERA ALGÚN OTRO ATAQUE COMO ÉSTE, ESPERO QUE TENGA PERSONAL FUERTE Y SANO PARA ASUMIR EL MANDO DE LA NAVE, ¿ES ASÍ?
SOY EL PRIMER OFICIAL ATALI, LORD VADER.

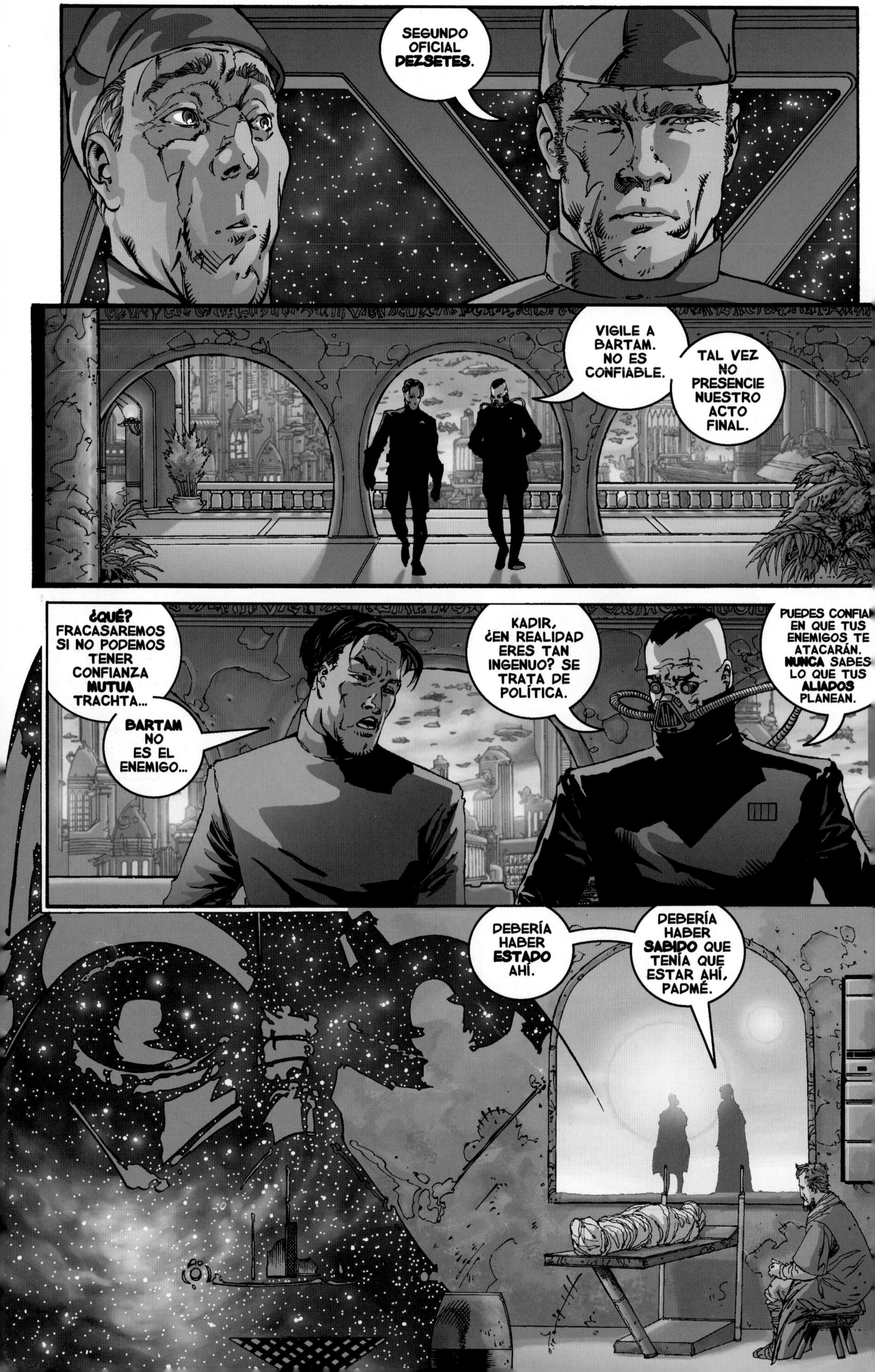

SEGUNDO OFICIAL DEZSETES.
VIGILE A BARTAM. NO ES CONFIABLE.
TAL VEZ NO PRESENCIE NUESTRO ACTO FINAL.
¿QUÉ? FRACASAREMOS SI NO PODEMOS TENER CONFIANZA MUTUA TRACHTA...
BARTAM NO ES EL ENEMIGO...
KADIR, ¿EN REALIDAD ERES TAN INGENUO? SE TRATA DE POLÍTICA.
PUEDES CONFIAR EN QUE TUS ENEMIGOS TE ATACARÁN. NUNCA SABES LO QUE TUS ALIADOS PLANEAN.
DEBERÍA HABER ESTADO AHÍ.
DEBERÍA HABER SABIDO QUE TENÍA QUE ESTAR AHÍ, PADMÉ.

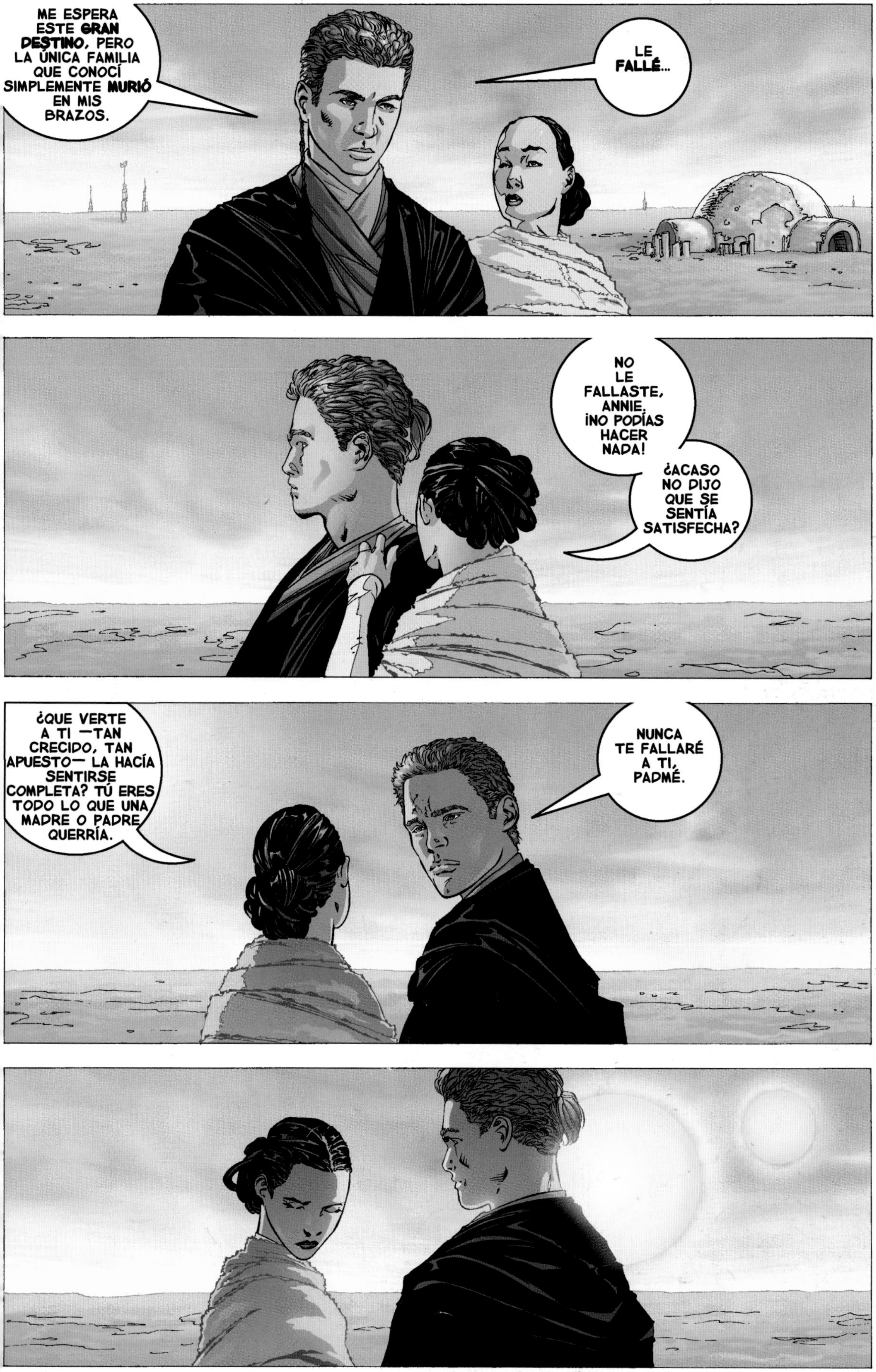
ME ESPERA ESTE GRAN DESTINO, PERO LA ÚNICA FAMILIA QUE CONOCÍ SIMPLEMENTE MURIÓ EN MIS BRAZOS.
LE FALLÉ...
NO LE FALLASTE, ANNIE. ¡NO PODÍAS HACER NADA!
¿ACASO NO DIJO QUE SE SENTÍA SATISFECHA?
¿QUE VERTE A TI —TAN CRECIDO, TAN APUESTO— LA HACÍA SENTIRSE COMPLETA? TÚ ERES TODO LO QUE UNA MADRE O PADRE QUERRÍA.
NUNCA TE FALLARÉ A TI, PADMÉ.

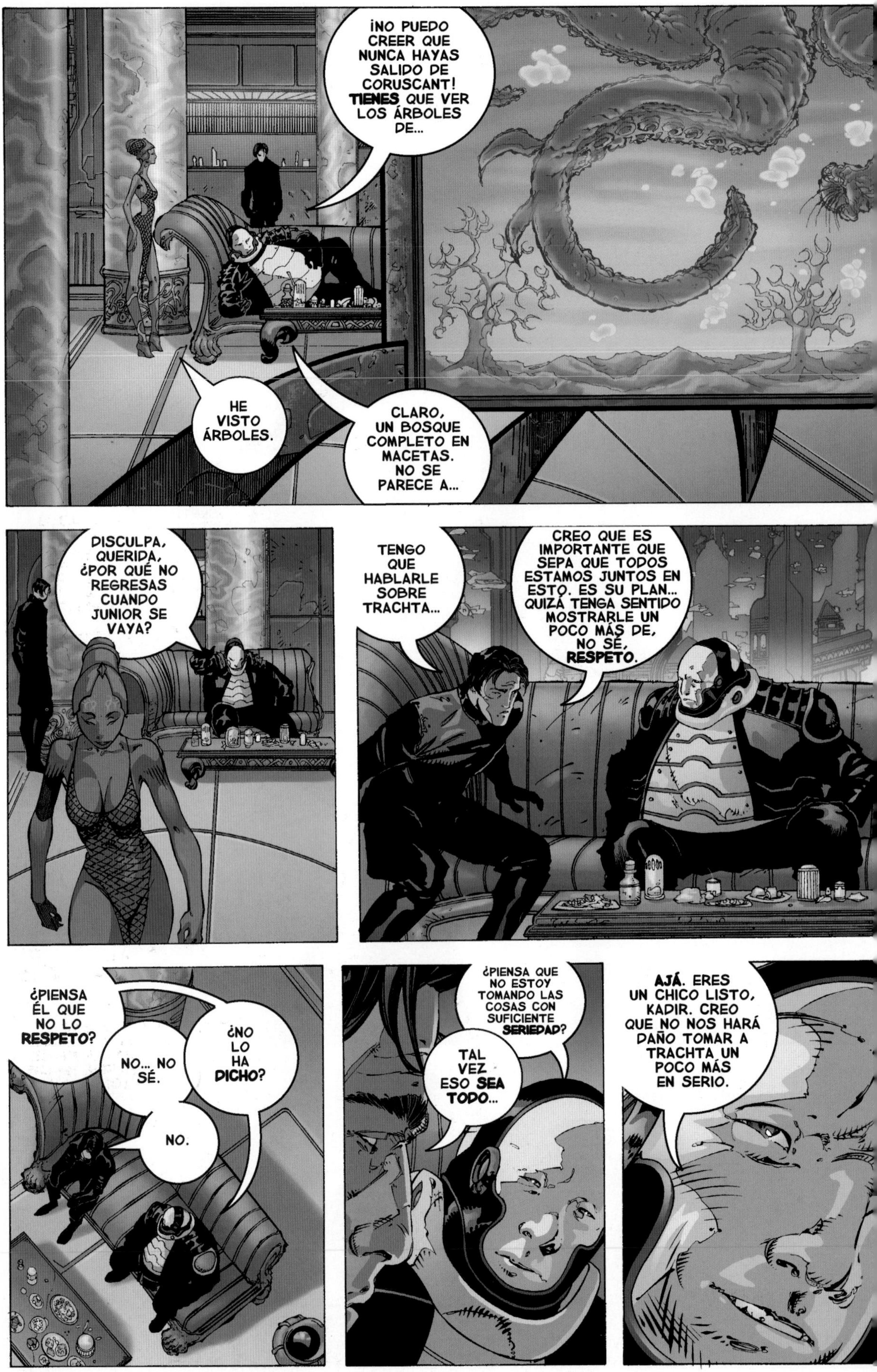
¡NO PUEDO CREER QUE NUNCA HAYAS SALIDO DE CORUSCANT! **TIENES** QUE VER LOS ÁRBOLES DE...
HE VISTO ÁRBOLES.
CLARO, UN BOSQUE COMPLETO EN MACETAS. NO SE PARECE A...
DISCULPA, QUERIDA, ¿POR QUÉ NO REGRESAS CUANDO JUNIOR SE VAYA?
TENGO QUE HABLARLE SOBRE TRACHTA...
CREO QUE ES IMPORTANTE QUE SEPA QUE TODOS ESTAMOS JUNTOS EN ESTO. ES SU PLAN... QUIZÁ TENGA SENTIDO MOSTRARLE UN POCO MÁS DE, NO SÉ, **RESPETO**.
¿PIENSA ÉL QUE NO LO **RESPETO**?
NO... NO SÉ.
¿NO LO HA **DICHO**?
NO.
¿PIENSA QUE NO ESTOY TOMANDO LAS COSAS CON SUFICIENTE **SERIEDAD**?
TAL VEZ ESO **SEA TODO**...
**AJÁ**. ERES UN CHICO LISTO, KADIR. CREO QUE NO NOS HARÁ DAÑO TOMAR A TRACHTA UN POCO MÁS EN SERIO.

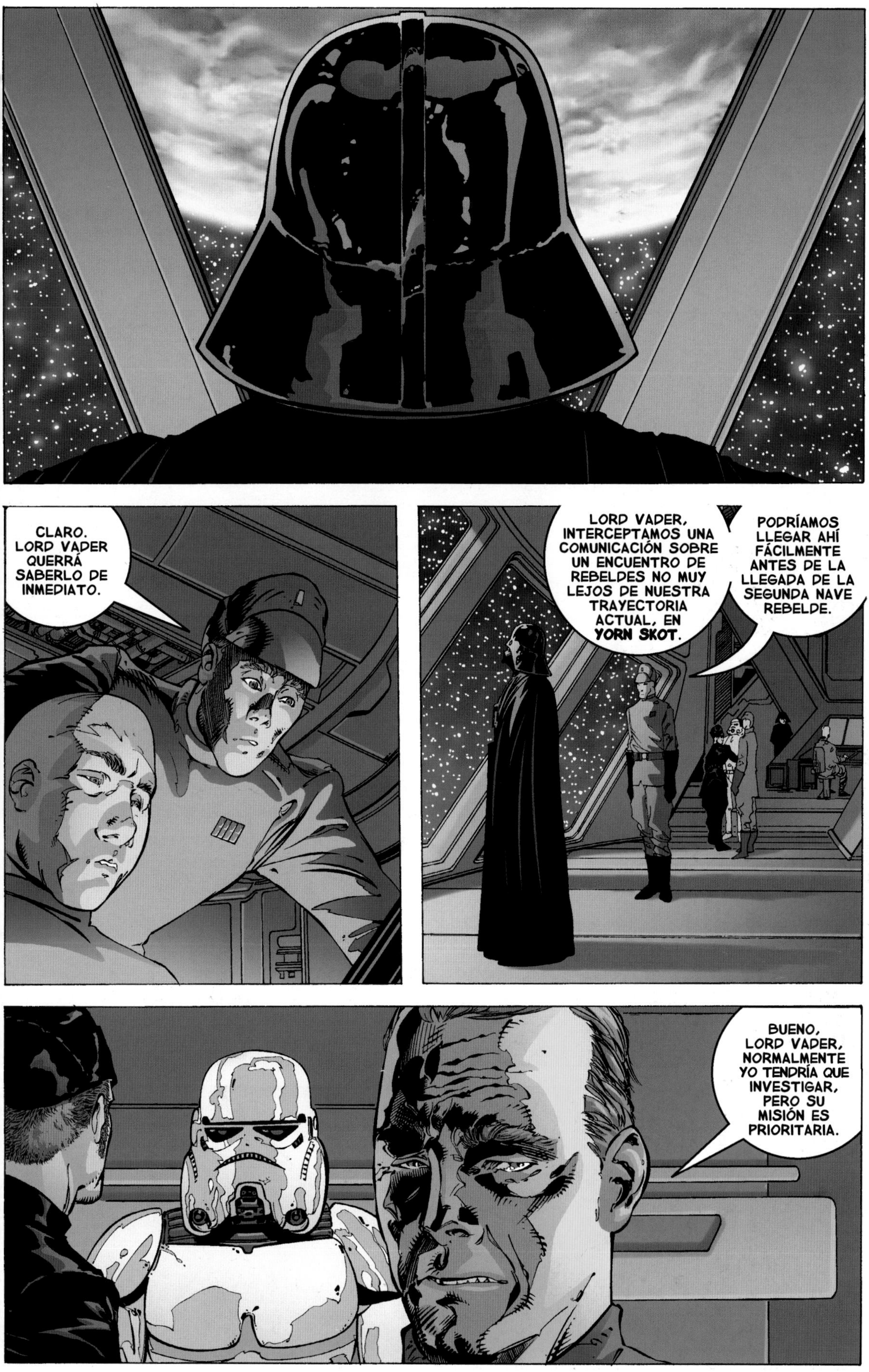
CLARO. LORD VADER QUERRÁ SABERLO DE INMEDIATO.
LORD VADER, INTERCEPTAMOS UNA COMUNICACIÓN SOBRE UN ENCUENTRO DE REBELDES NO MUY LEJOS DE NUESTRA TRAYECTORIA ACTUAL, EN YORN SKOT.
PODRÍAMOS LLEGAR AHÍ FÁCILMENTE ANTES DE LA LLEGADA DE LA SEGUNDA NAVE REBELDE.
BUENO, LORD VADER, NORMALMENTE YO TENDRÍA QUE INVESTIGAR, PERO SU MISIÓN ES PRIORITARIA.

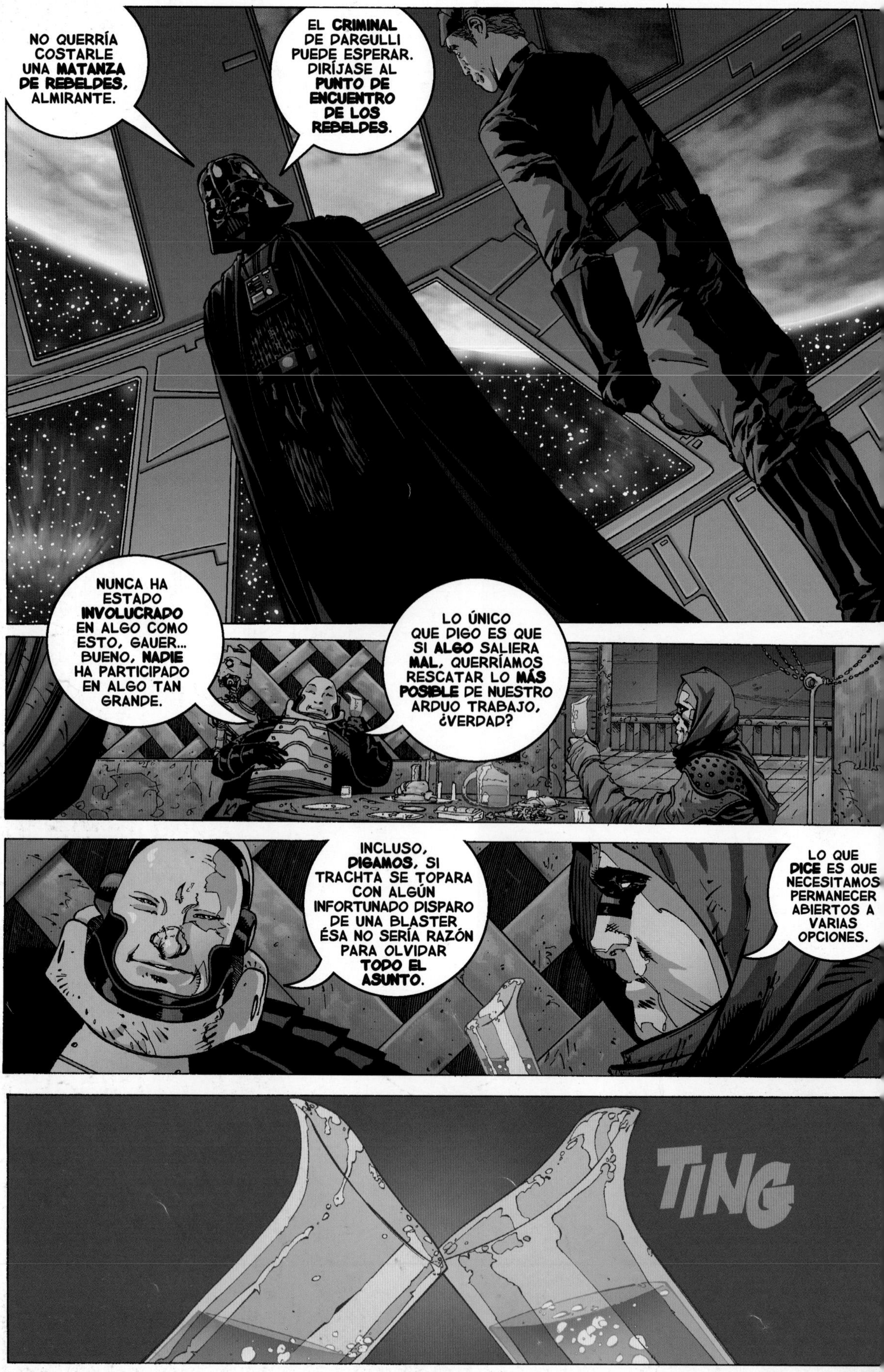
NO QUERRÍA COSTARLE UNA **MATANZA DE REBELDES**, ALMIRANTE.
EL **CRIMINAL** DE DARGULLI PUEDE ESPERAR. DIRÍJASE AL **PUNTO DE ENCUENTRO DE LOS REBELDES**.
NUNCA HA ESTADO **INVOLUCRADO** EN ALGO COMO ESTO, GAUER... BUENO, **NADIE** HA PARTICIPADO EN ALGO TAN GRANDE.
LO ÚNICO QUE DIGO ES QUE SI **ALGO** SALIERA **MAL**, QUERRÍAMOS RESCATAR LO **MÁS POSIBLE** DE NUESTRO ARDUO TRABAJO, ¿VERDAD?
INCLUSO, **DIGAMOS**, SI TRACHTA SE TOPARA CON ALGÚN INFORTUNADO DISPARO DE UNA BLASTER ÉSA NO SERÍA RAZÓN PARA OLVIDAR **TODO EL ASUNTO**.
LO QUE **DICE** ES QUE NECESITAMOS PERMANECER ABIERTOS A VARIAS OPCIONES.
TING

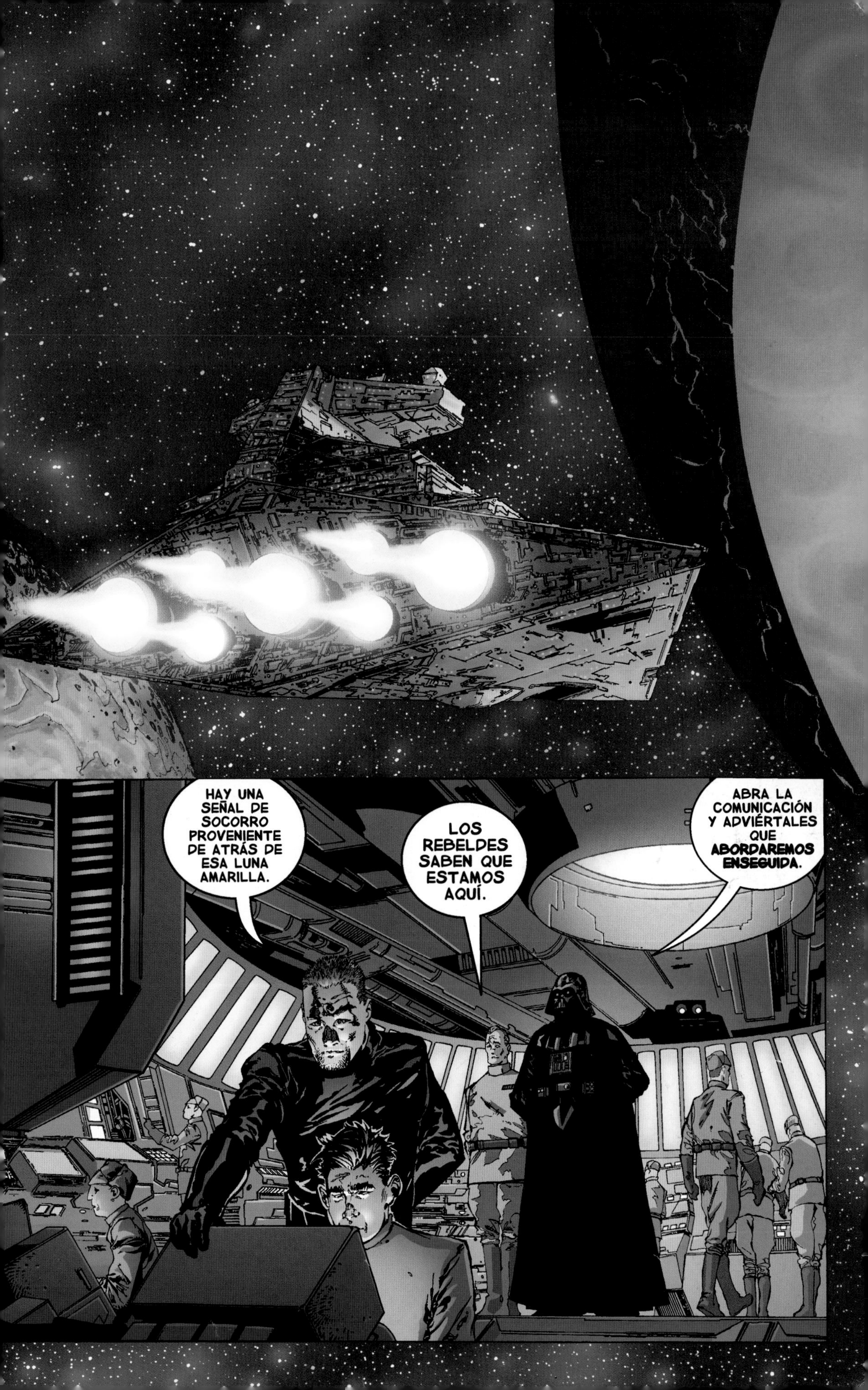
HAY UNA SEÑAL DE SOCORRO PROVENIENTE DE ATRÁS DE ESA LUNA AMARILLA.
LOS REBELDES SABEN QUE ESTAMOS AQUÍ.
ABRA LA COMUNICACIÓN Y ADVIÉRTALES QUE **ABORDAREMOS ENSEGUIDA**.

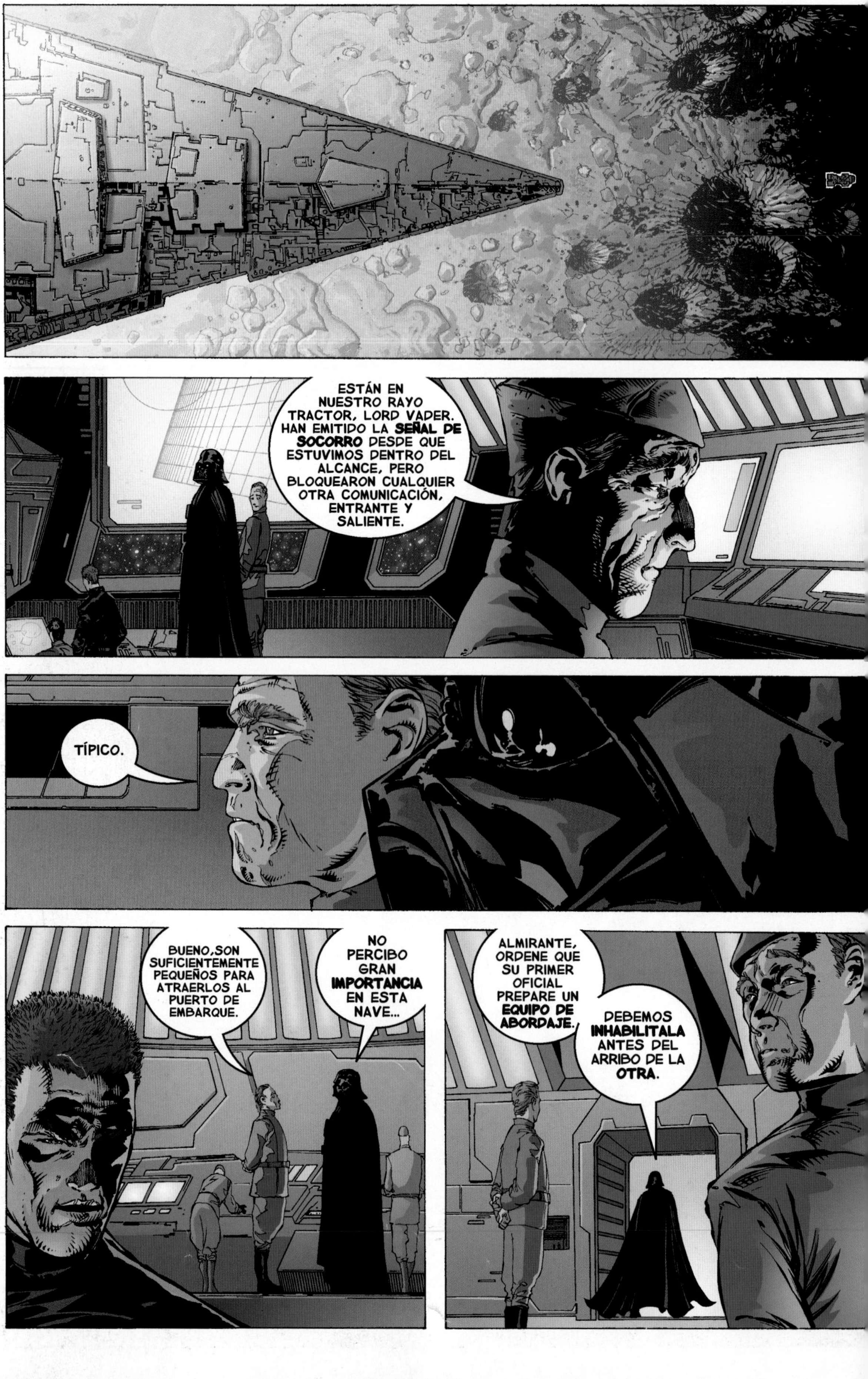
ESTÁN EN NUESTRO RAYO TRACTOR, LORD VADER. HAN EMITIDO LA **SEÑAL DE SOCORRO** DESDE QUE ESTUVIMOS DENTRO DEL ALCANCE, PERO BLOQUEARON CUALQUIER OTRA COMUNICACIÓN, ENTRANTE Y SALIENTE.
TÍPICO.
BUENO, SON SUFICIENTEMENTE PEQUEÑOS PARA ATRAERLOS AL PUERTO DE EMBARQUE.
NO PERCIBO GRAN **IMPORTANCIA** EN ESTA NAVE...
ALMIRANTE, ORDENE QUE SU PRIMER OFICIAL PREPARE UN **EQUIPO DE ABORDAJE**.
DEBEMOS **INHABILITALA** ANTES DEL ARRIBO DE LA **OTRA**.

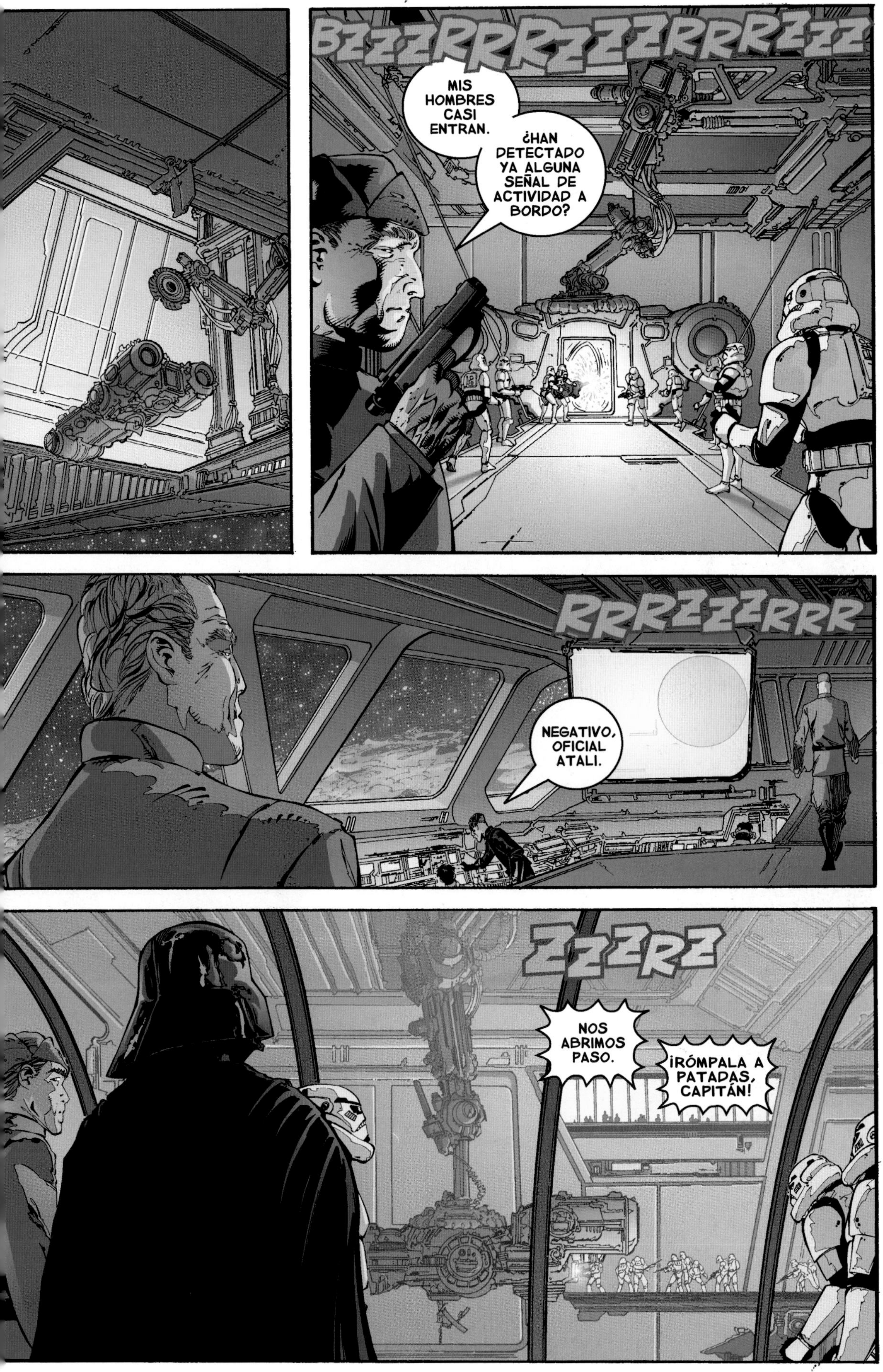
BZZZRRRRZZZZRRRRZZZ
MIS HOMBRES CASI ENTRAN.
¿HAN DETECTADO YA ALGUNA SEÑAL DE ACTIVIDAD A BORDO?
RRRZZZZRRR
NEGATIVO, OFICIAL ATALI.
ZZZRZ
NOS ABRIMOS PASO.
¡RÓMPALA A PATADAS, CAPITÁN!

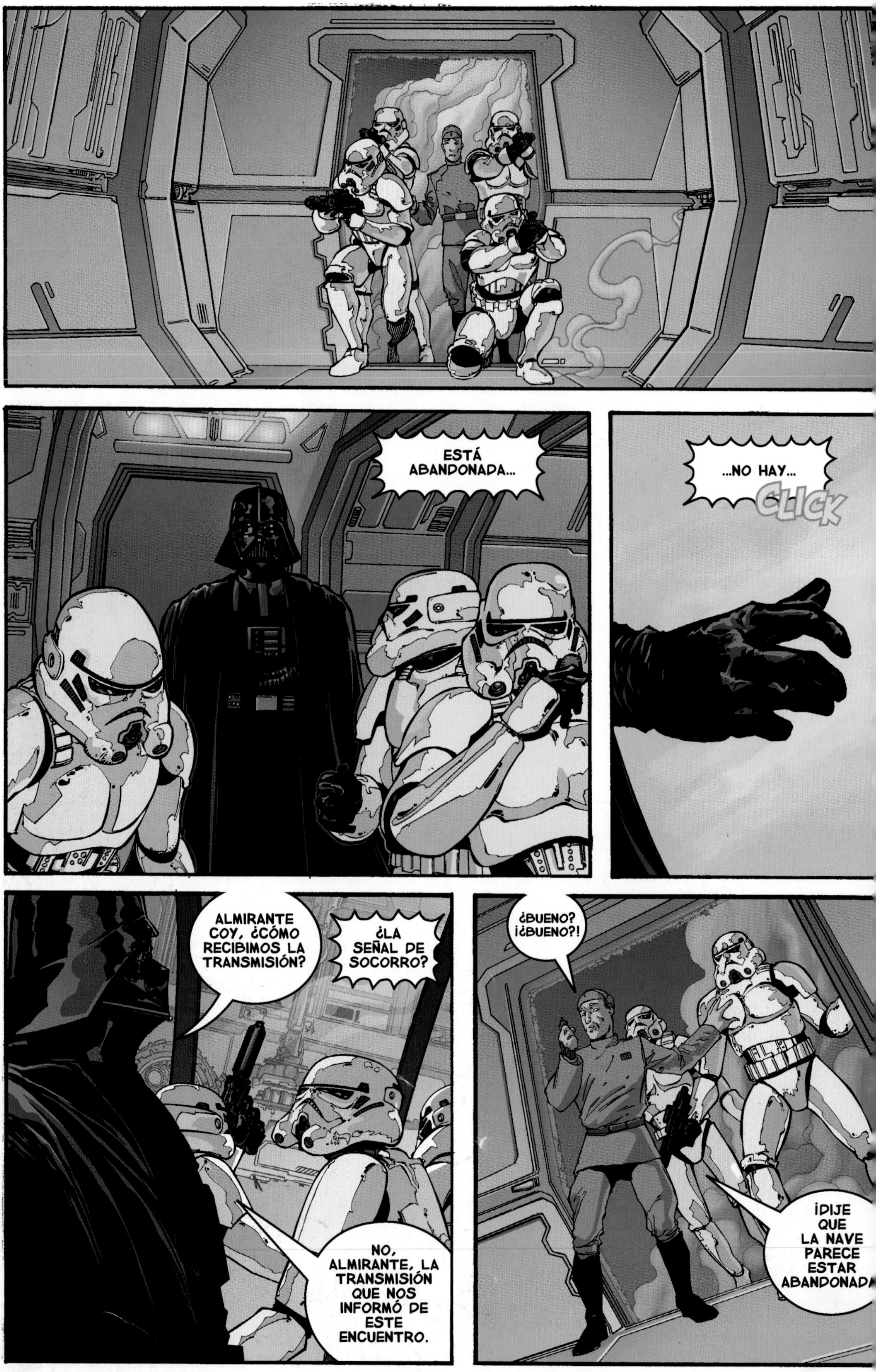
ESTÁ ABANDONADA...
...NO HAY...
CLICK
ALMIRANTE COY, ¿CÓMO RECIBIMOS LA TRANSMISIÓN?
¿LA SEÑAL DE SOCORRO?
NO, ALMIRANTE, LA TRANSMISIÓN QUE NOS INFORMÓ DE ESTE ENCUENTRO.
¿BUENO? ¡¿BUENO?!
¡DIJE QUE LA NAVE PARECE ESTAR ABANDONADA

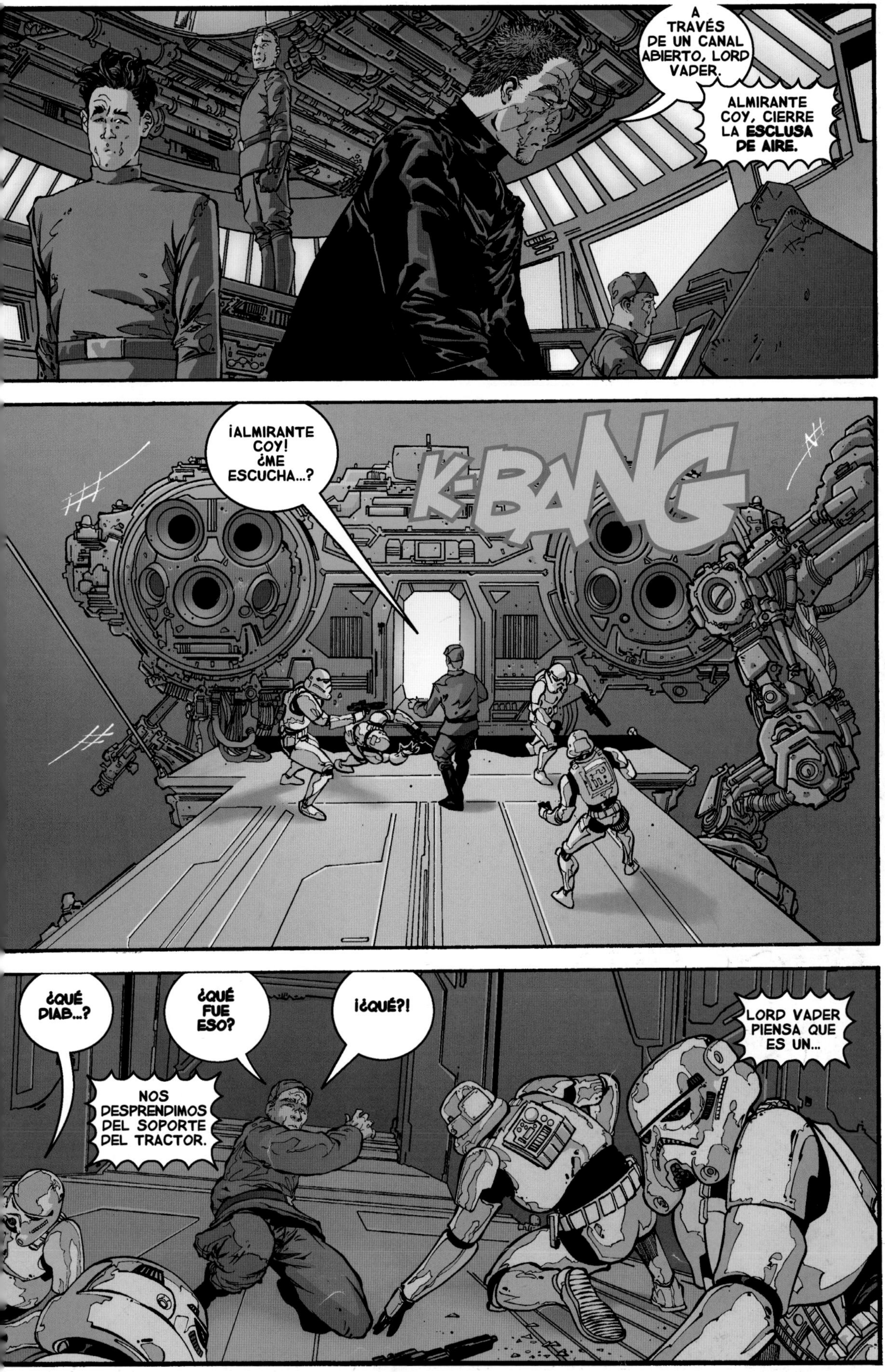
A TRAVÉS DE UN CANAL ABIERTO, LORD VADER.
ALMIRANTE COY, CIERRE LA **ESCLUSA DE AIRE.**
¡ALMIRANTE COY! ¿ME ESCUCHA...?
K-BANG
¿QUÉ DIAB...?
¿QUÉ FUE ESO?
¡¿QUÉ?!
LORD VADER PIENSA QUE ES UN...
NOS DESPRENDIMOS DEL SOPORTE DEL TRACTOR.

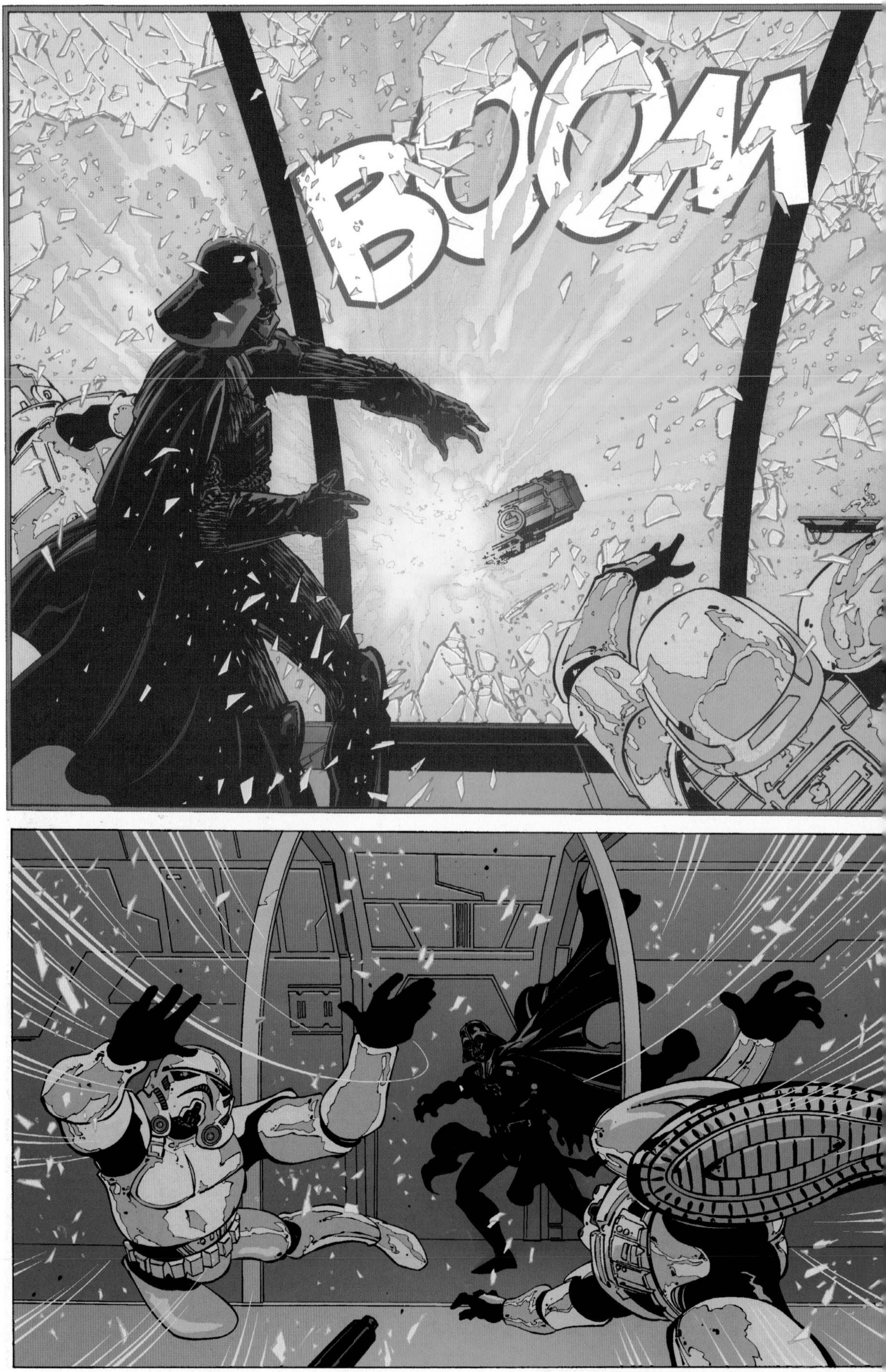
BOOM

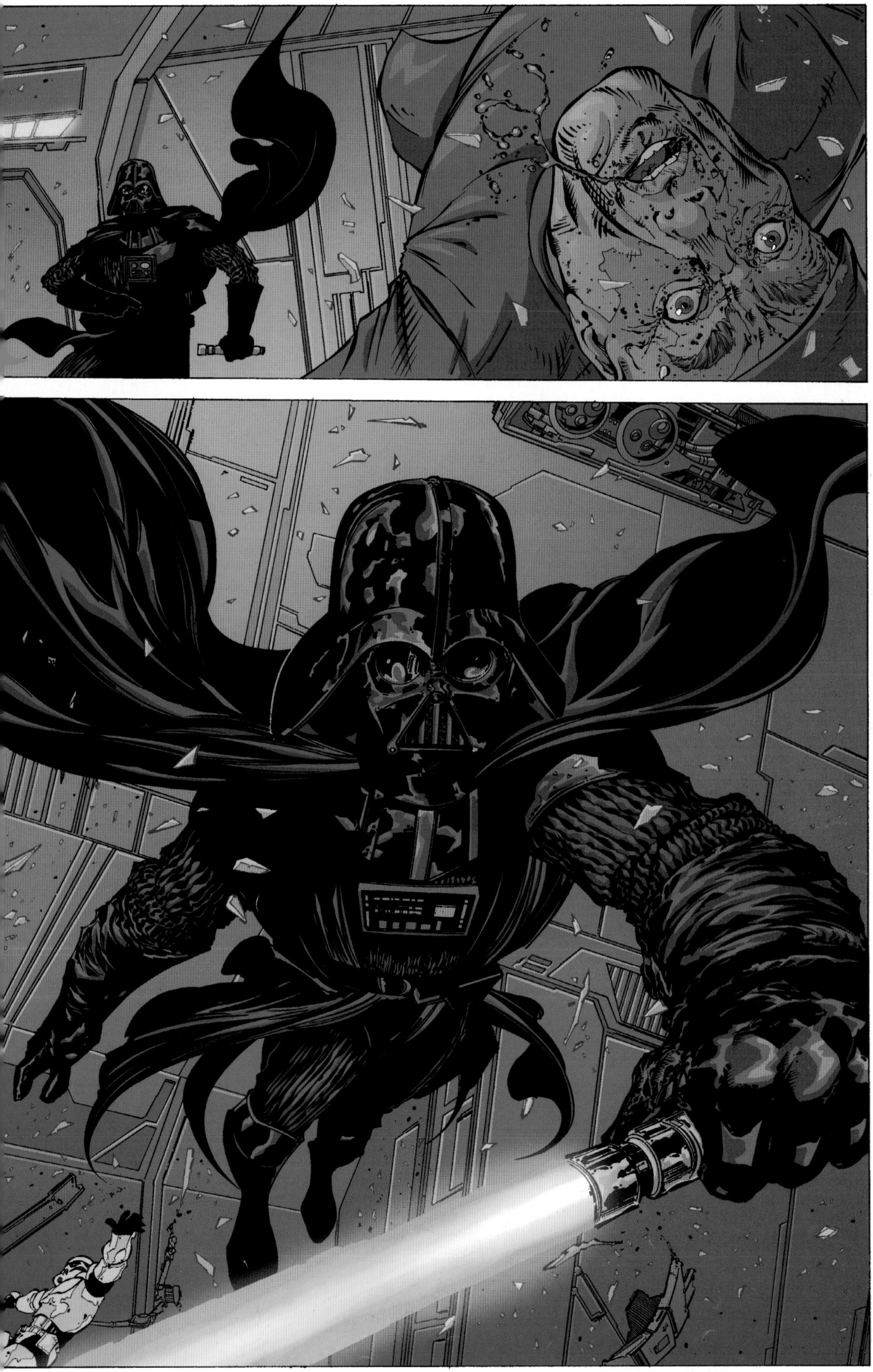

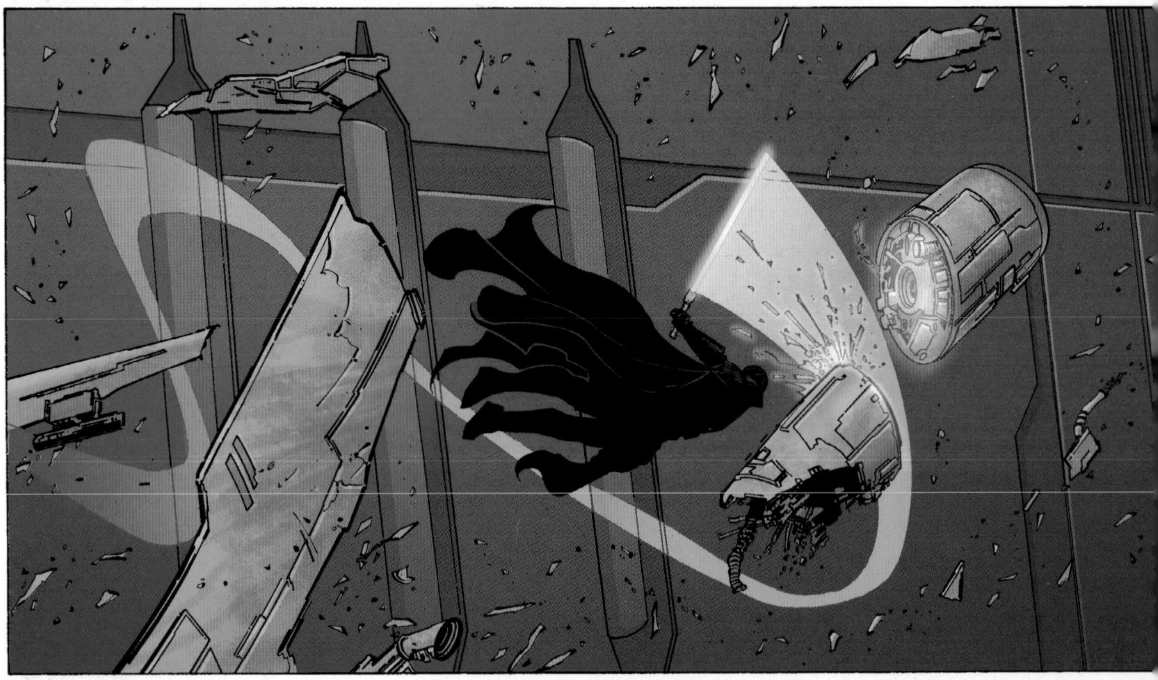

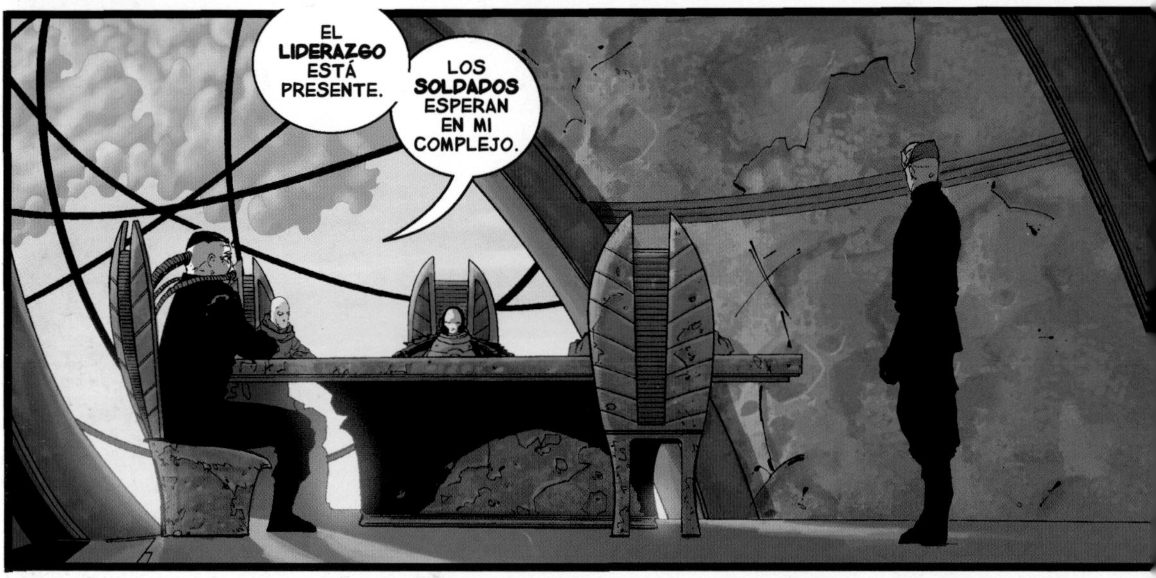
EL LIDERAZGO ESTÁ PRESENTE.
LOS SOLDADOS ESPERAN EN MI COMPLEJO.

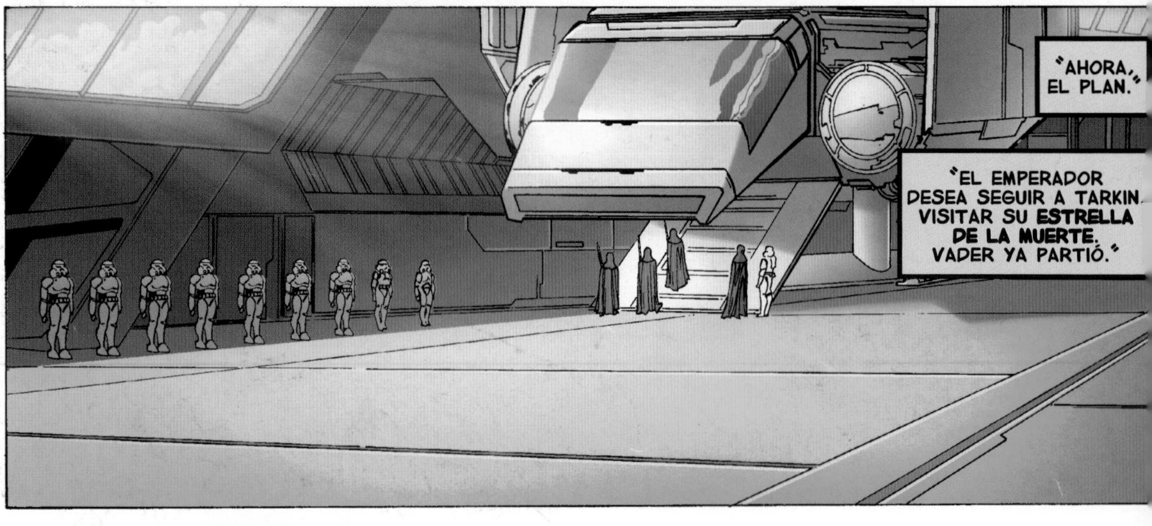
"AHORA, EL PLAN."
"EL EMPERADOR DESEA SEGUIR A TARKIN. VISITAR SU ESTRELLA DE LA MUERTE. VADER YA PARTIÓ."

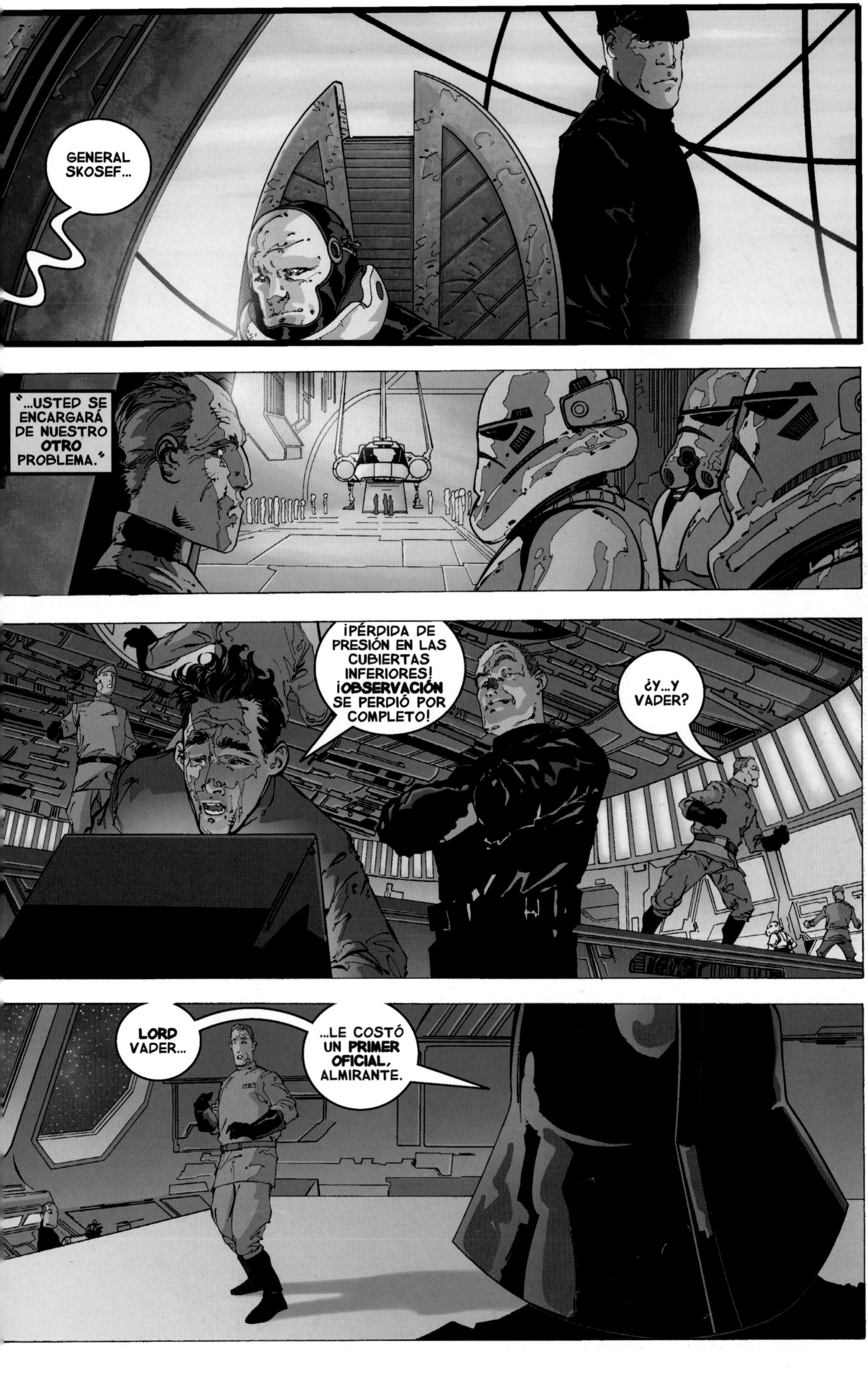
GENERAL SKOSEF...
"...USTED SE ENCARGARÁ DE NUESTRO OTRO PROBLEMA."
¡PÉRDIDA DE PRESIÓN EN LAS CUBIERTAS INFERIORES! ¡OBSERVACIÓN SE PERDIÓ POR COMPLETO!
¿Y...Y VADER?
LORD VADER...
...LE COSTÓ UN PRIMER OFICIAL, ALMIRANTE.

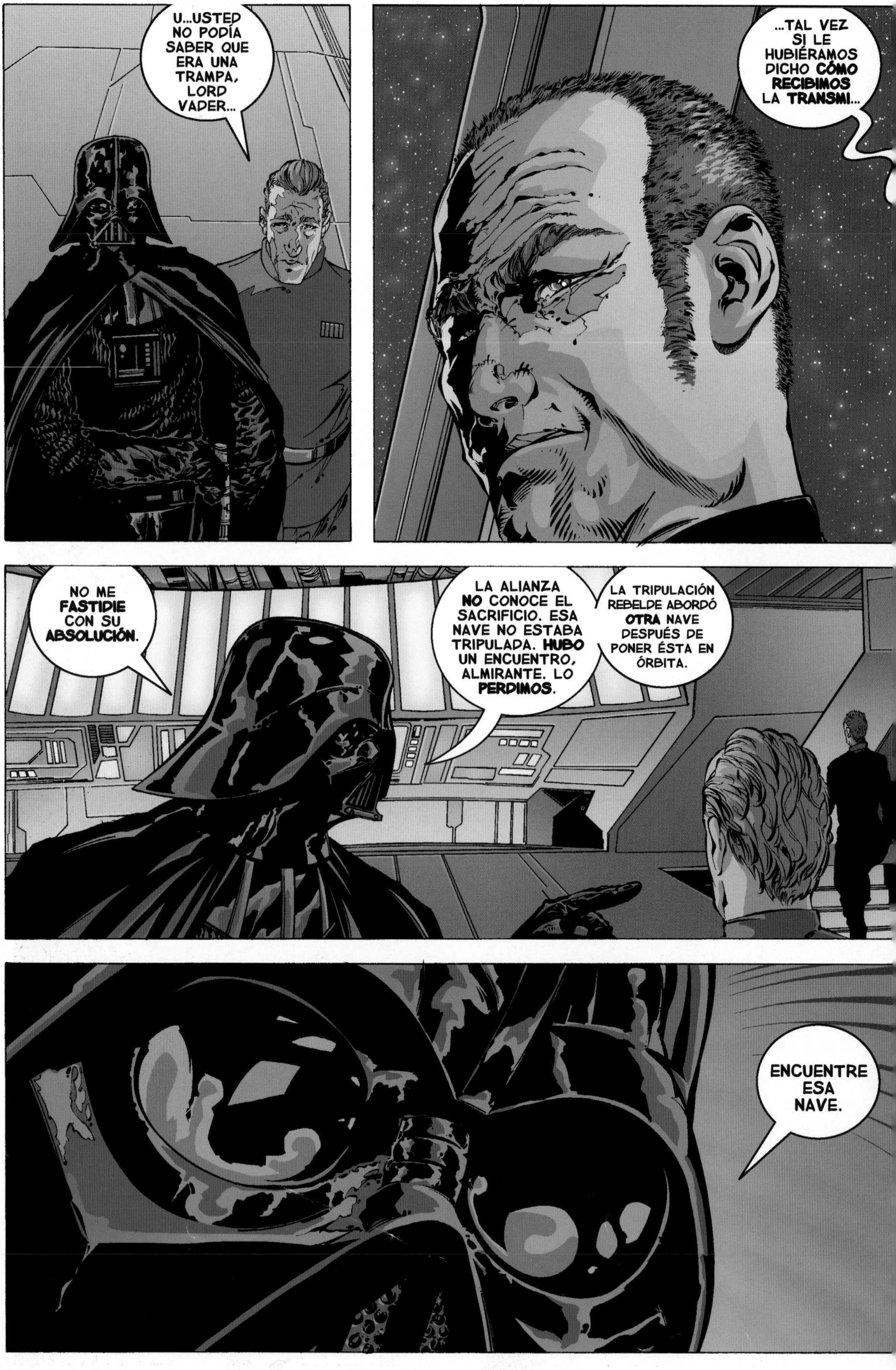
U...USTED NO PODÍA SABER QUE ERA UNA TRAMPA, LORD VADER...
...TAL VEZ SI LE HUBIÉRAMOS DICHO CÓMO RECIBIMOS LA TRANSMI...
NO ME FASTIDIE CON SU ABSOLUCIÓN.
LA ALIANZA NO CONOCE EL SACRIFICIO. ESA NAVE NO ESTABA TRIPULADA. HUBO UN ENCUENTRO, ALMIRANTE. LO PERDIMOS.
LA TRIPULACIÓN REBELDE ABORDÓ OTRA NAVE DESPUÉS DE PONER ÉSTA EN ÓRBITA.
ENCUENTRE ESA NAVE.

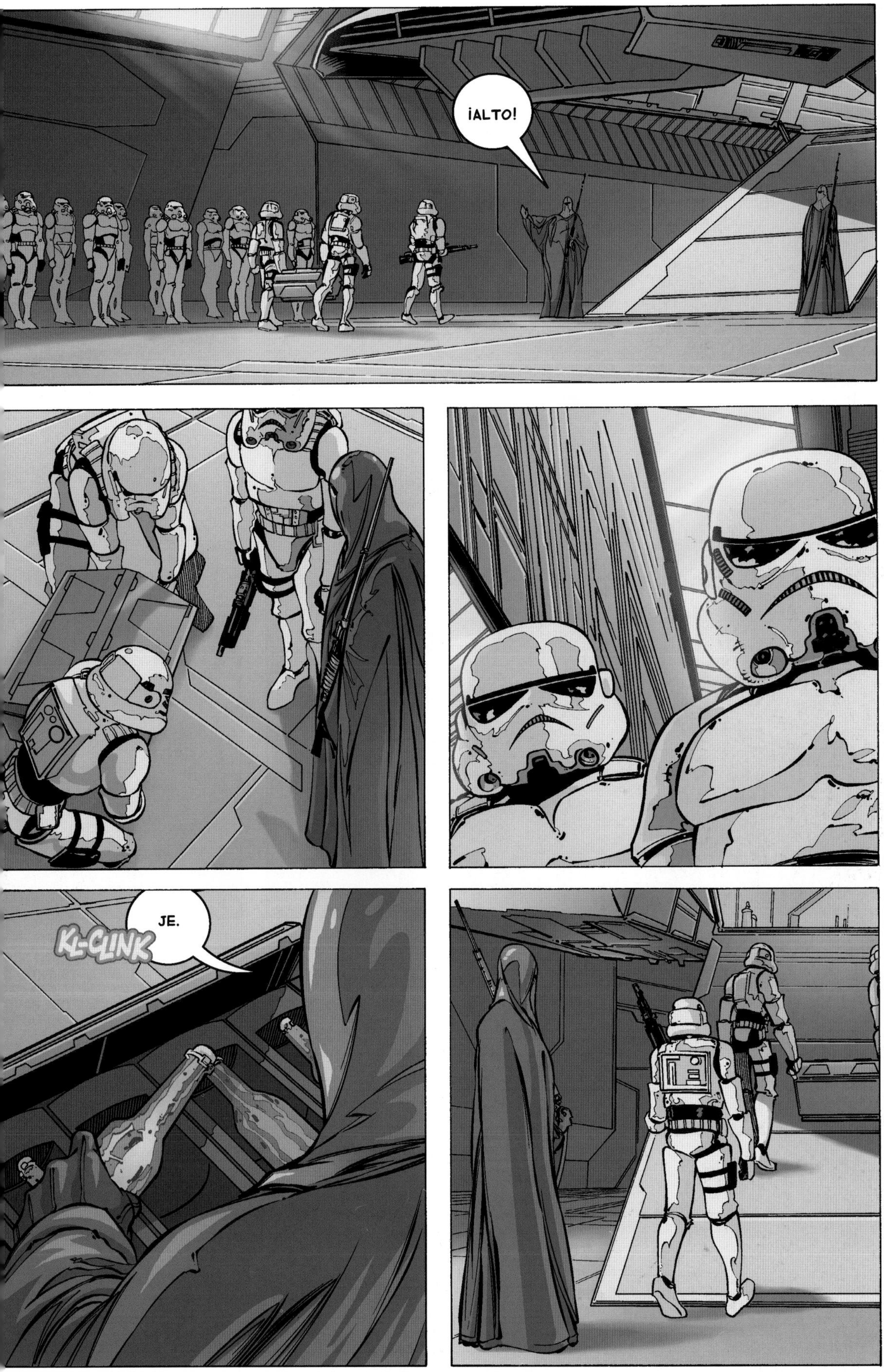
¡ALTO!
KL-CLINK
JE.

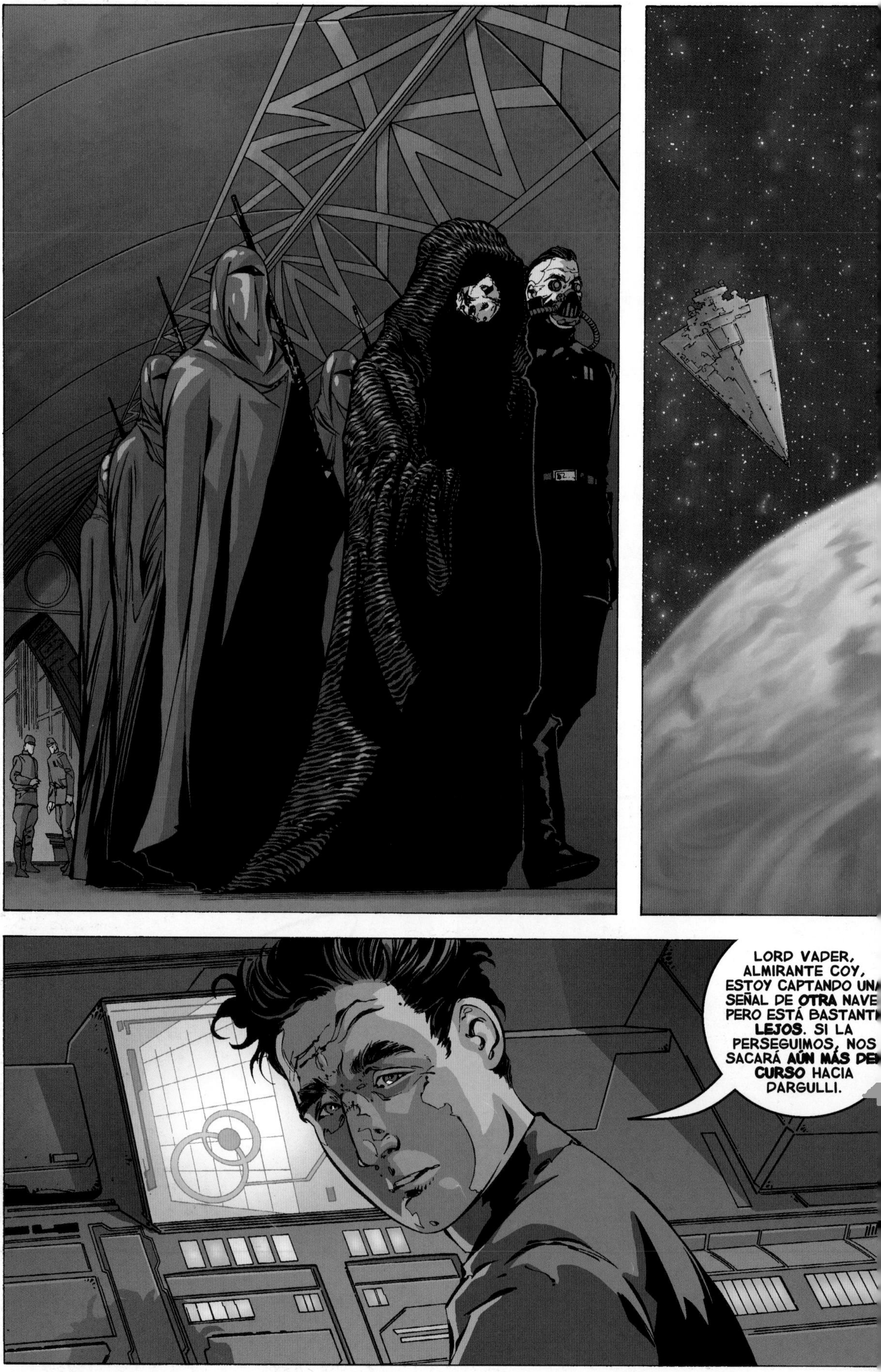
LORD VADER, ALMIRANTE COY, ESTOY CAPTANDO UNA SEÑAL DE **OTRA** NAVE PERO ESTÁ BASTANT **LEJOS**. SI LA PERSEGUIMOS, NOS SACARÁ **AÚN MÁS DE** **CURSO** HACIA DARGULLI.

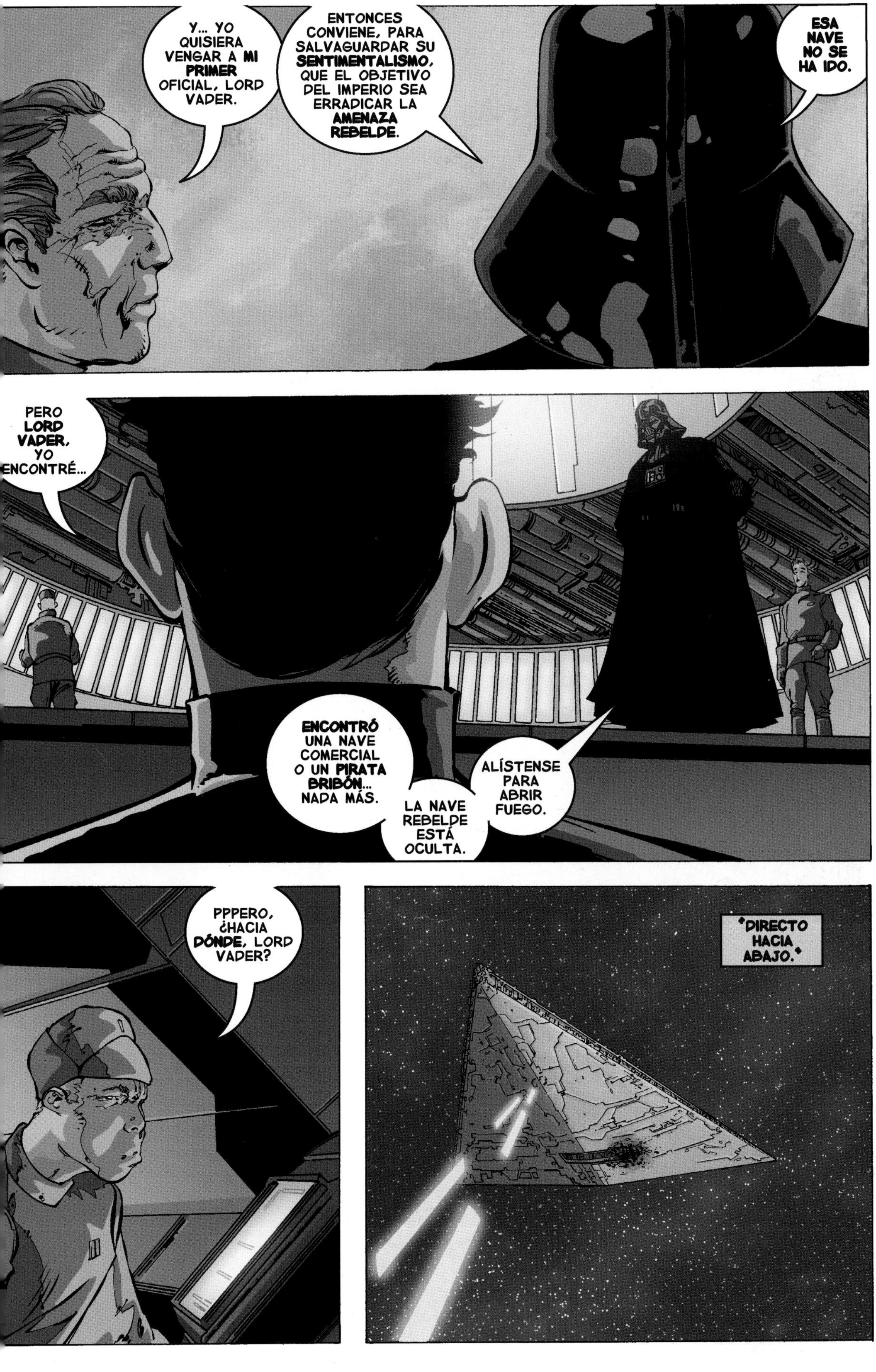
Y... YO QUISIERA VENGAR A MI PRIMER OFICIAL, LORD VADER.
ENTONCES CONVIENE, PARA SALVAGUARDAR SU SENTIMENTALISMO, QUE EL OBJETIVO DEL IMPERIO SEA ERRADICAR LA AMENAZA REBELDE.
ESA NAVE NO SE HA IDO.
PERO LORD VADER, YO ENCONTRÉ...
ENCONTRÓ UNA NAVE COMERCIAL O UN PIRATA BRIBÓN... NADA MÁS.
LA NAVE REBELDE ESTÁ OCULTA.
ALÍSTENSE PARA ABRIR FUEGO.
PPPERO, ¿HACIA DÓNDE, LORD VADER?
"DIRECTO HACIA ABAJO."

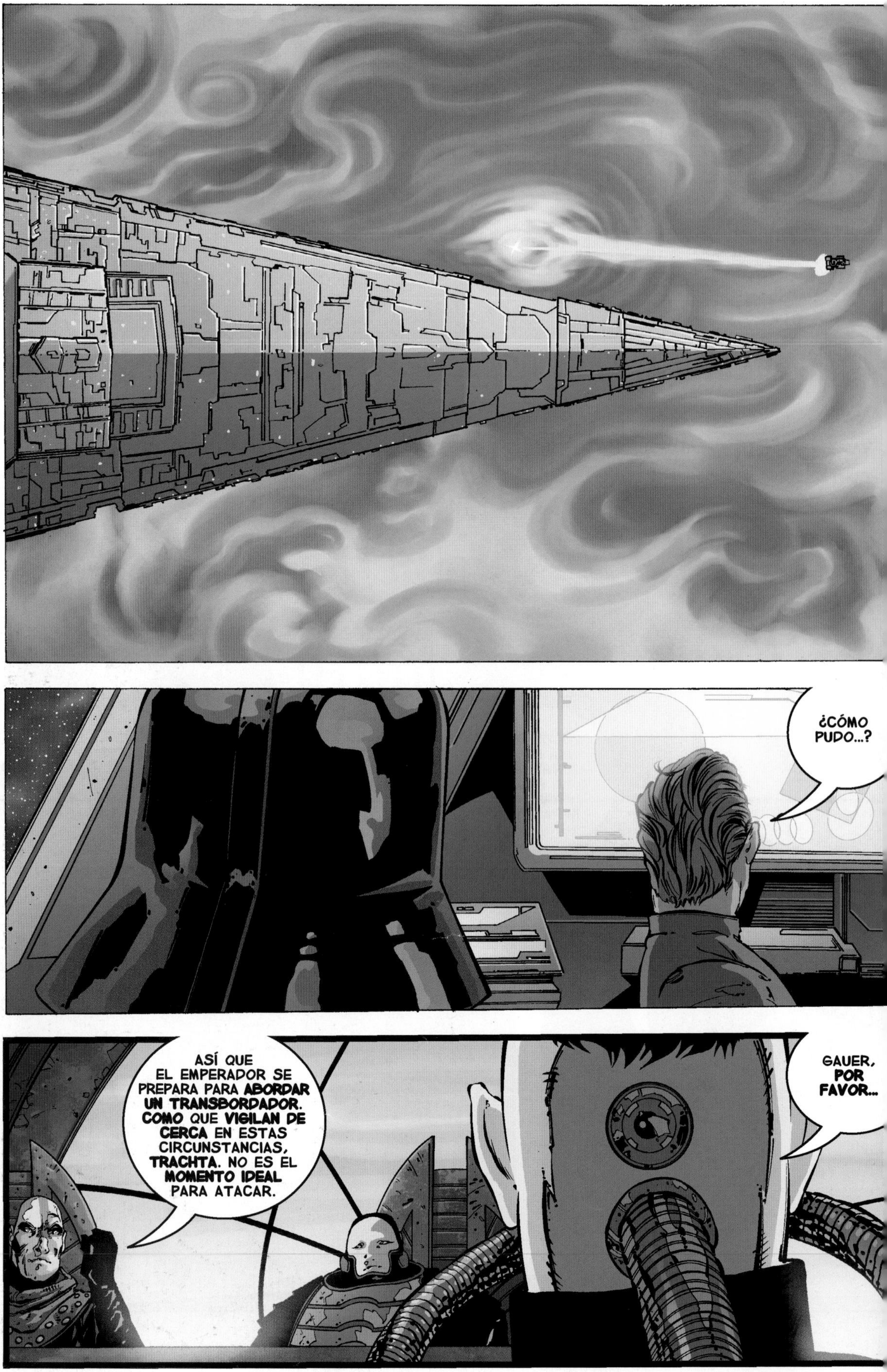
¿CÓMO PUDO...?
ASÍ QUE EL EMPERADOR SE PREPARA PARA ABORDAR UN TRANSBORDADOR. COMO QUE VIGILAN DE CERCA EN ESTAS CIRCUNSTANCIAS, TRACHTA. NO ES EL MOMENTO IDEAL PARA ATACAR.
GAUER, POR FAVOR...

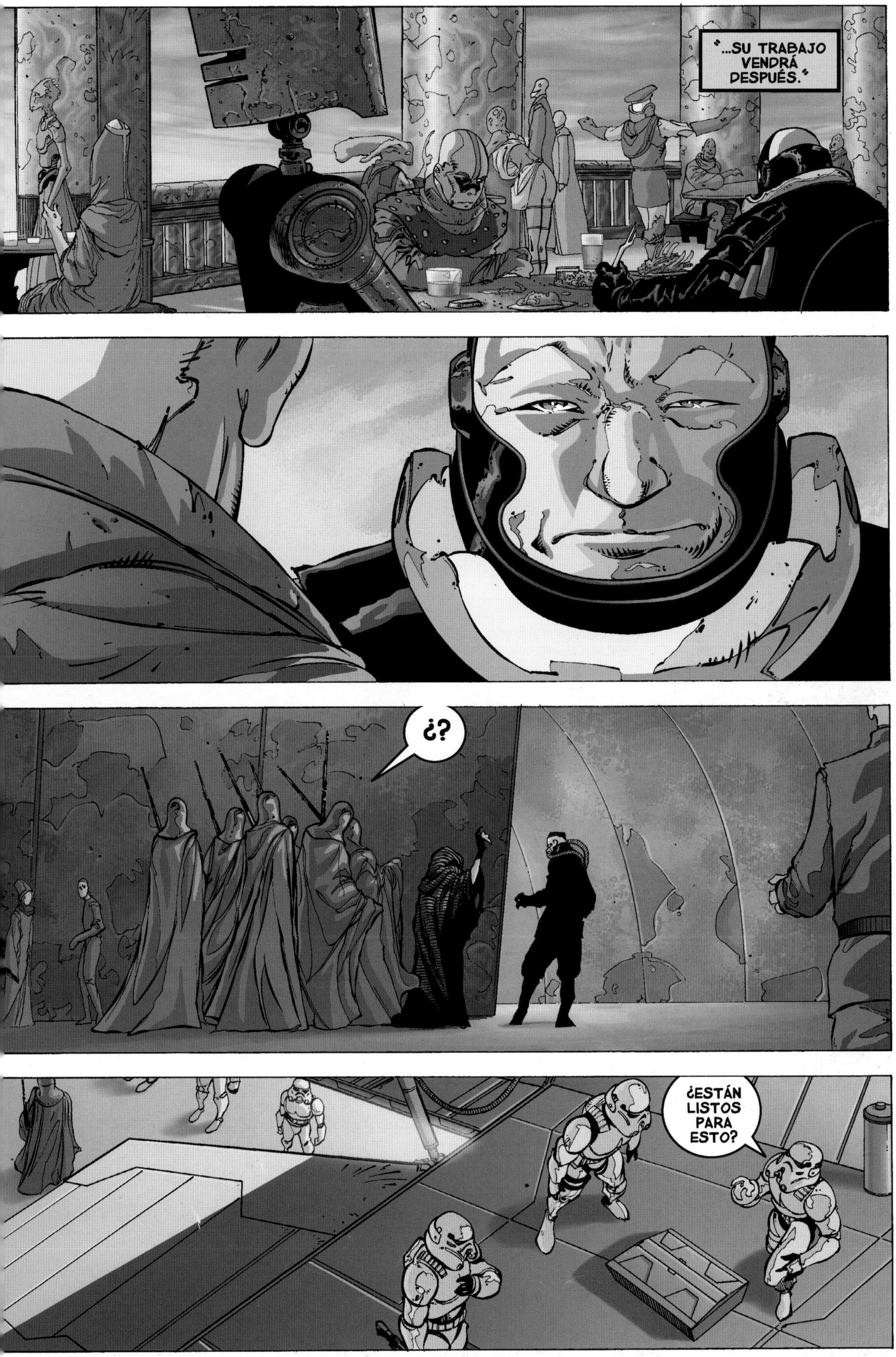
"...SU TRABAJO VENDRÁ DESPUÉS."
¿?
¿ESTÁN LISTOS PARA ESTO?

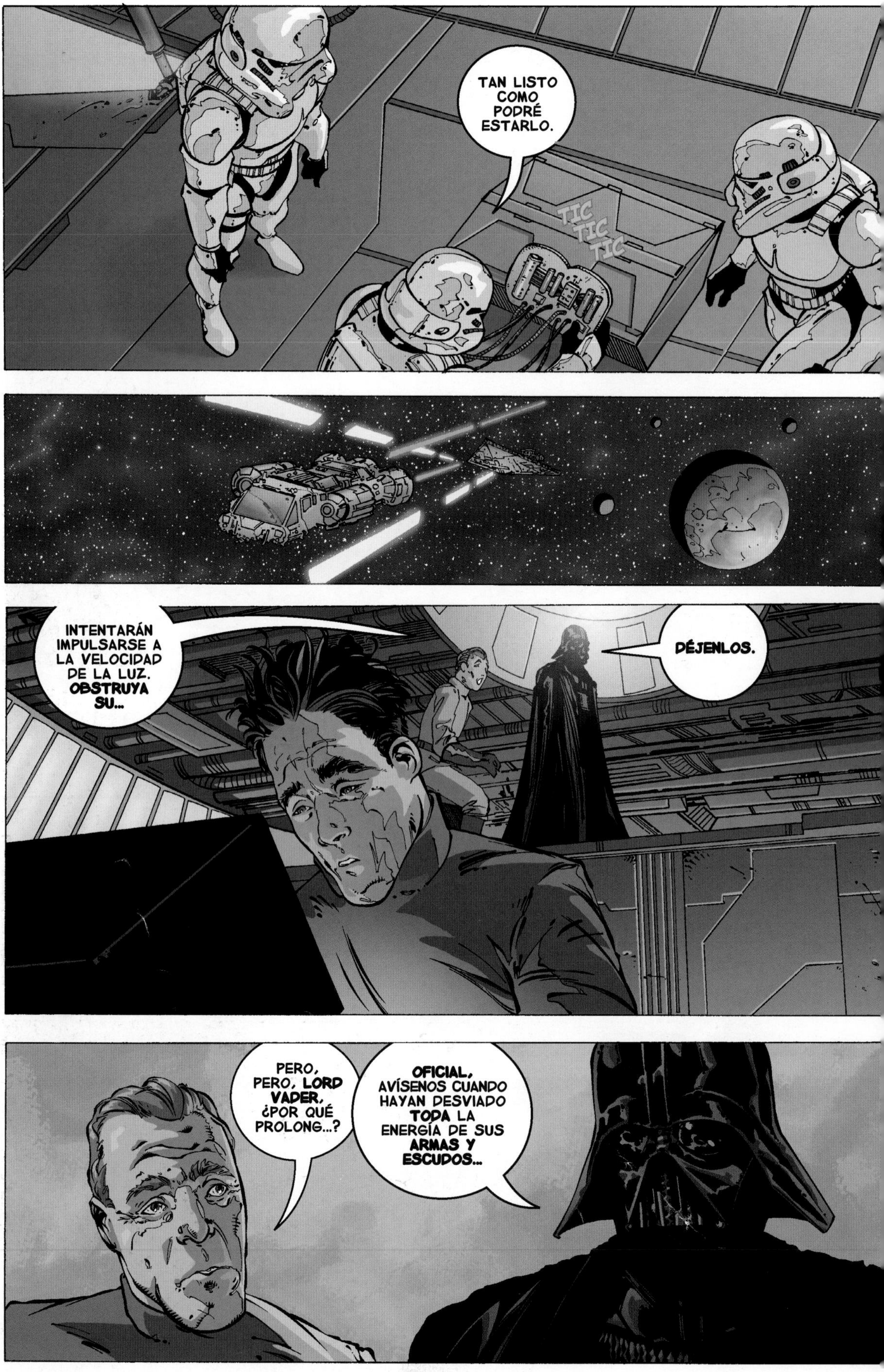
TAN LISTO COMO PODRÉ ESTARLO.
TIC TIC TIC
INTENTARÁN IMPULSARSE A LA VELOCIDAD DE LA LUZ. **OBSTRUYA SU...**
**DÉJENLOS.**
PERO, PERO, **LORD VADER**, ¿POR QUÉ PROLONG...?
**OFICIAL**, AVÍSENOS CUANDO HAYAN DESVIADO **TODA** LA ENERGÍA DE SUS **ARMAS Y ESCUDOS...**

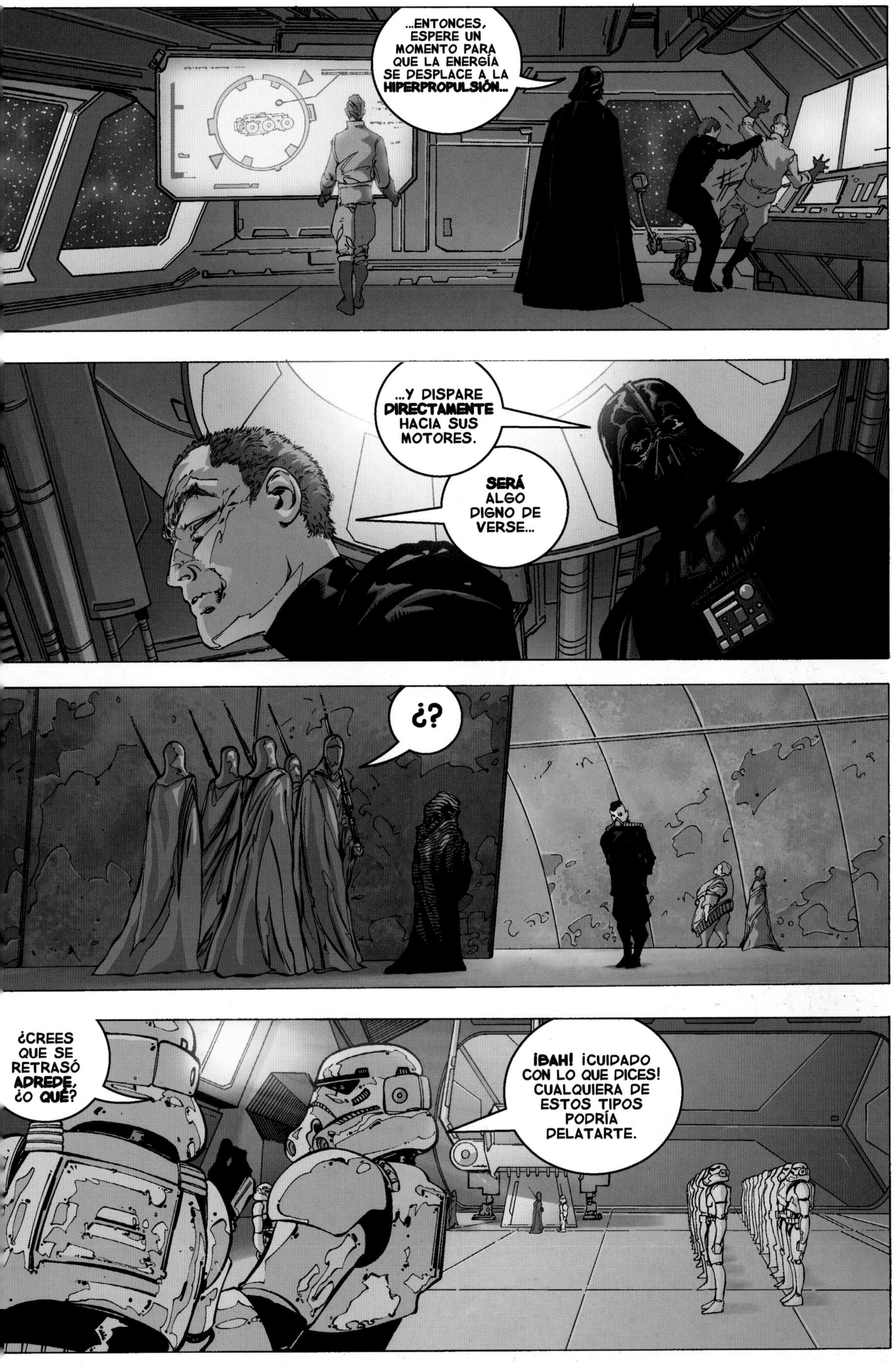
...ENTONCES, ESPERE UN MOMENTO PARA QUE LA ENERGÍA SE DESPLACE A LA HIPERPROPULSIÓN...
...Y DISPARE DIRECTAMENTE HACIA SUS MOTORES.
SERÁ ALGO DIGNO DE VERSE...
¿?
¿CREES QUE SE RETRASÓ ADREDE, ¿O QUÉ?
¡BAH! ¡CUIDADO CON LO QUE DICES! CUALQUIERA DE ESTOS TIPOS PODRÍA DELATARTE.

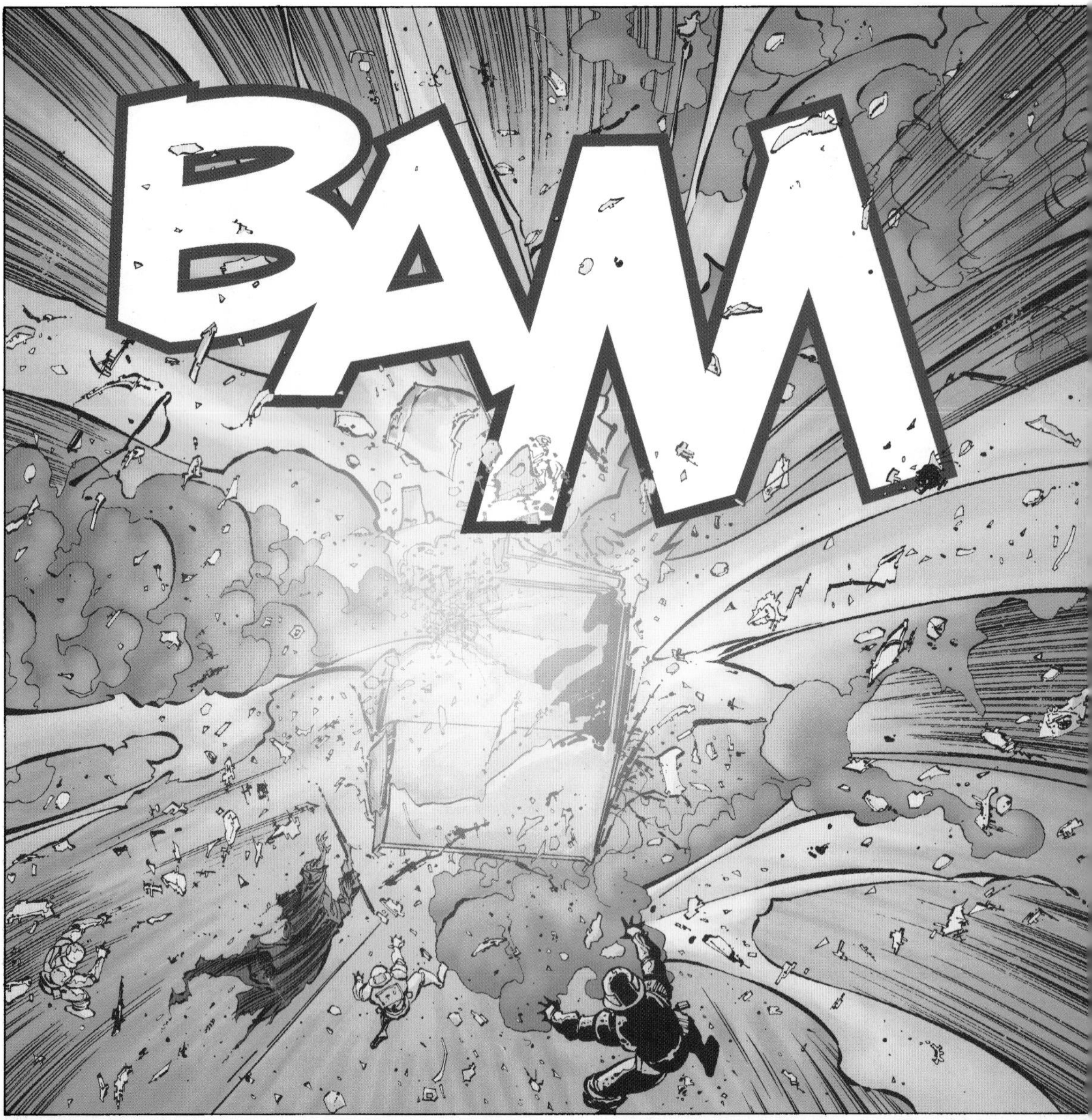
BAM

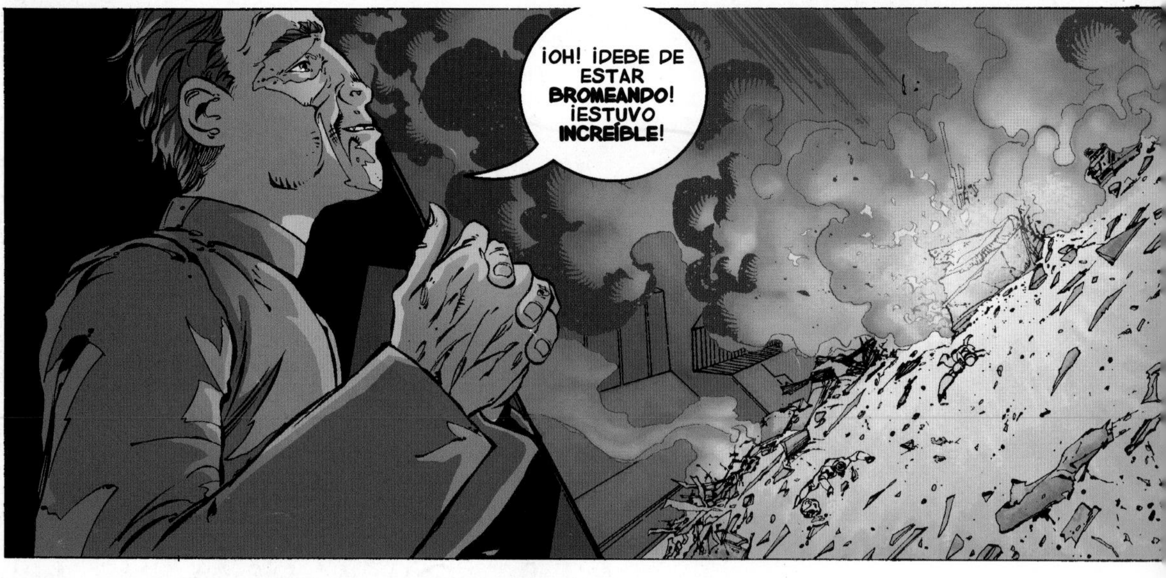
¡OH! ¡DEBE DE ESTAR BROMEANDO! ¡ESTUVO INCREÍBLE!

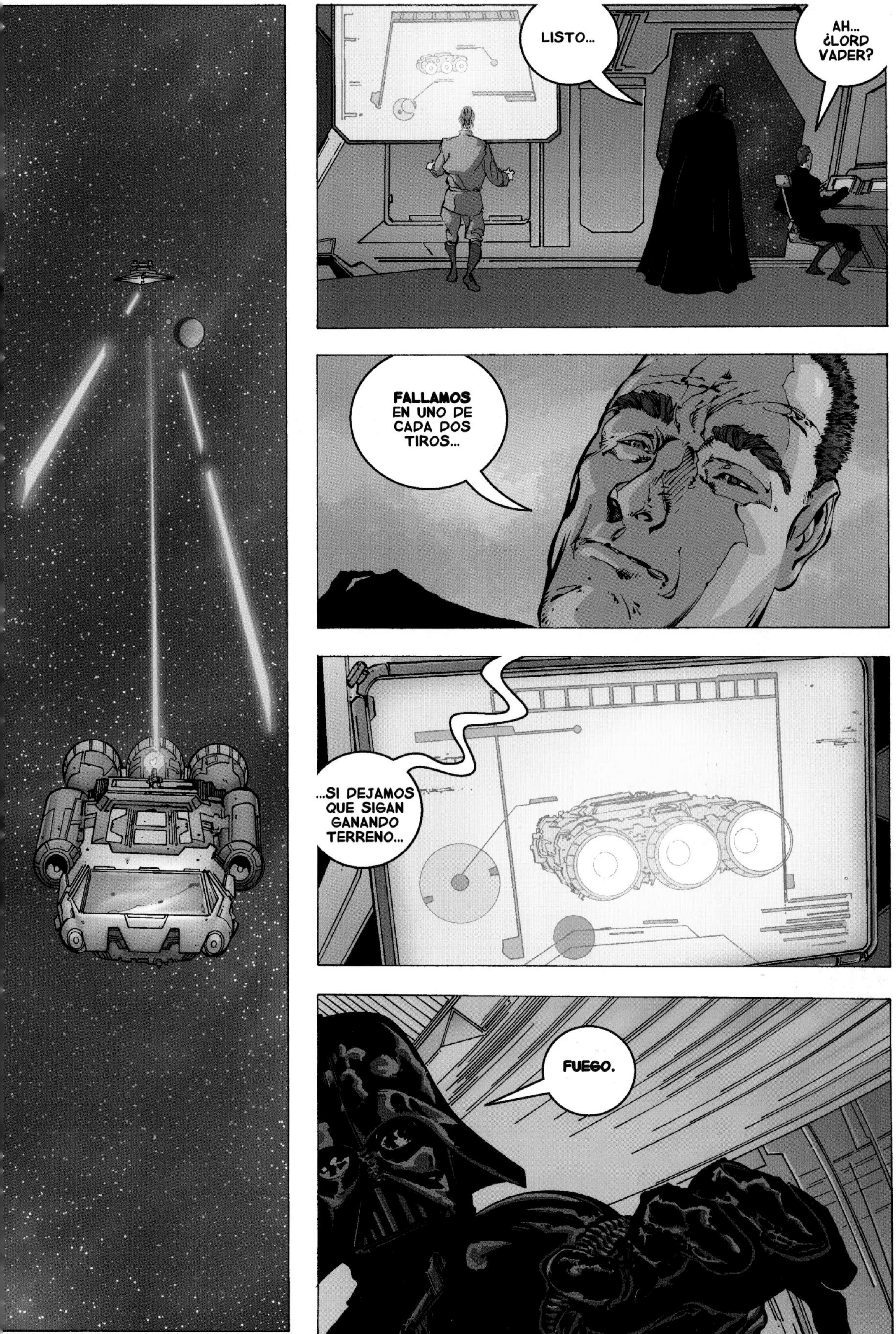
LISTO...
AH... ¿LORD VADER?
FALLAMOS EN UNO DE CADA DOS TIROS...
...SI DEJAMOS QUE SIGAN GANANDO TERRENO...
FUEGO.

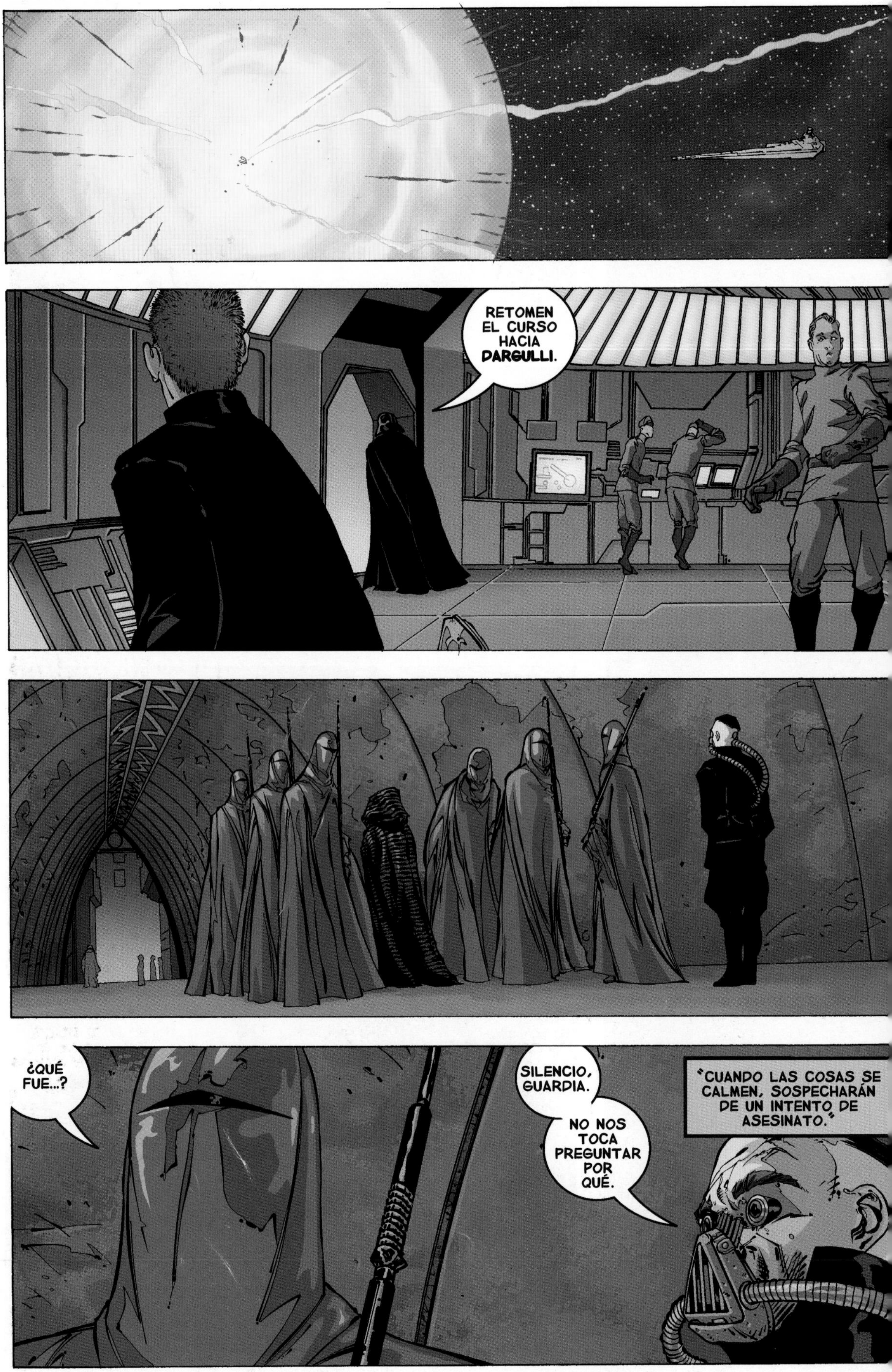
RETOMEN EL CURSO HACIA DARGULLI.
¿QUÉ FUE...?
SILENCIO, GUARDIA.
NO NOS TOCA PREGUNTAR POR QUÉ.
"CUANDO LAS COSAS SE CALMEN, SOSPECHARÁN DE UN INTENTO DE ASESINATO."

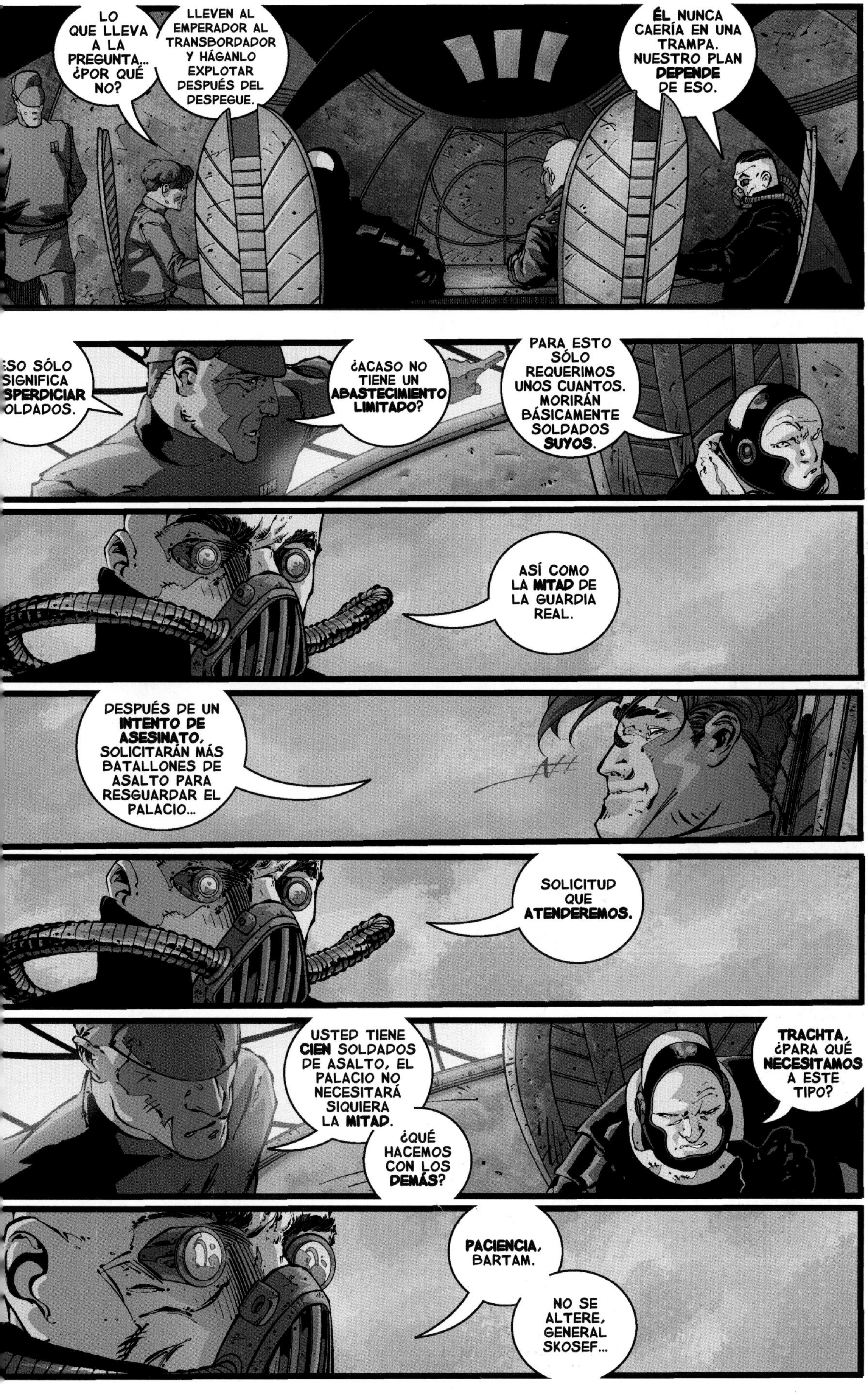
LO QUE LLEVA A LA PREGUNTA... ¿POR QUÉ NO?
LLEVEN AL EMPERADOR AL TRANSBORDADOR Y HÁGANLO EXPLOTAR DESPUÉS DEL DESPEGUE.
ÉL NUNCA CAERÍA EN UNA TRAMPA. NUESTRO PLAN DEPENDE DE ESO.
ESO SÓLO SIGNIFICA DESPERDICIAR SOLDADOS.
¿ACASO NO TIENE UN ABASTECIMIENTO LIMITADO?
PARA ESTO SÓLO REQUERIMOS UNOS CUANTOS. MORIRÁN BÁSICAMENTE SOLDADOS SUYOS.
ASÍ COMO LA MITAD DE LA GUARDIA REAL.
DESPUÉS DE UN INTENTO DE ASESINATO, SOLICITARÁN MÁS BATALLONES DE ASALTO PARA RESGUARDAR EL PALACIO...
SOLICITUD QUE ATENDEREMOS.
USTED TIENE CIEN SOLDADOS DE ASALTO, EL PALACIO NO NECESITARÁ SIQUIERA LA MITAD.
¿QUÉ HACEMOS CON LOS DEMÁS?
TRACHTA, ¿PARA QUÉ NECESITAMOS A ESTE TIPO?
PACIENCIA, BARTAM.
NO SE ALTERE, GENERAL SKOSEF...

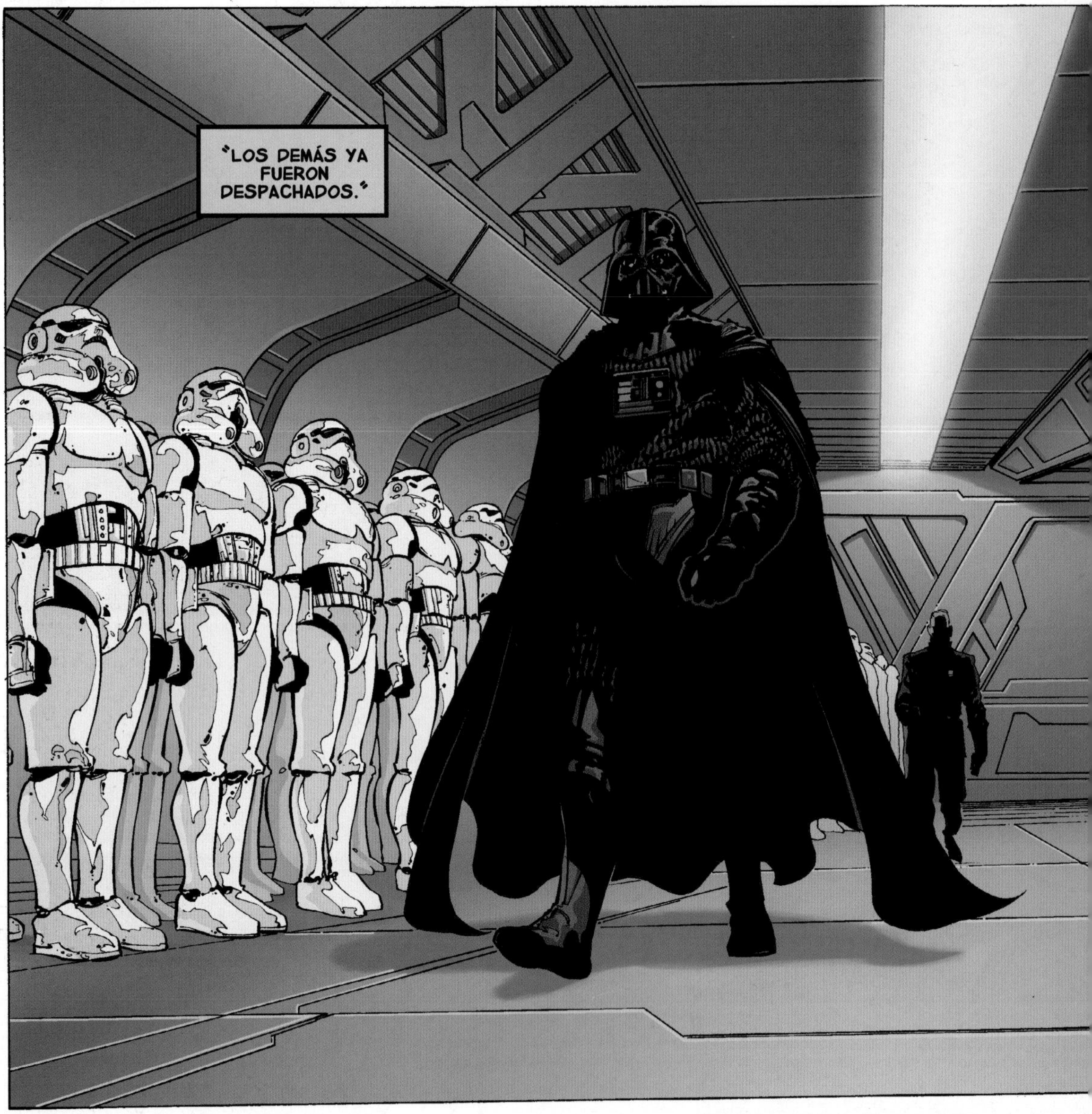
"LOS DEMÁS YA FUERON DESPACHADOS."

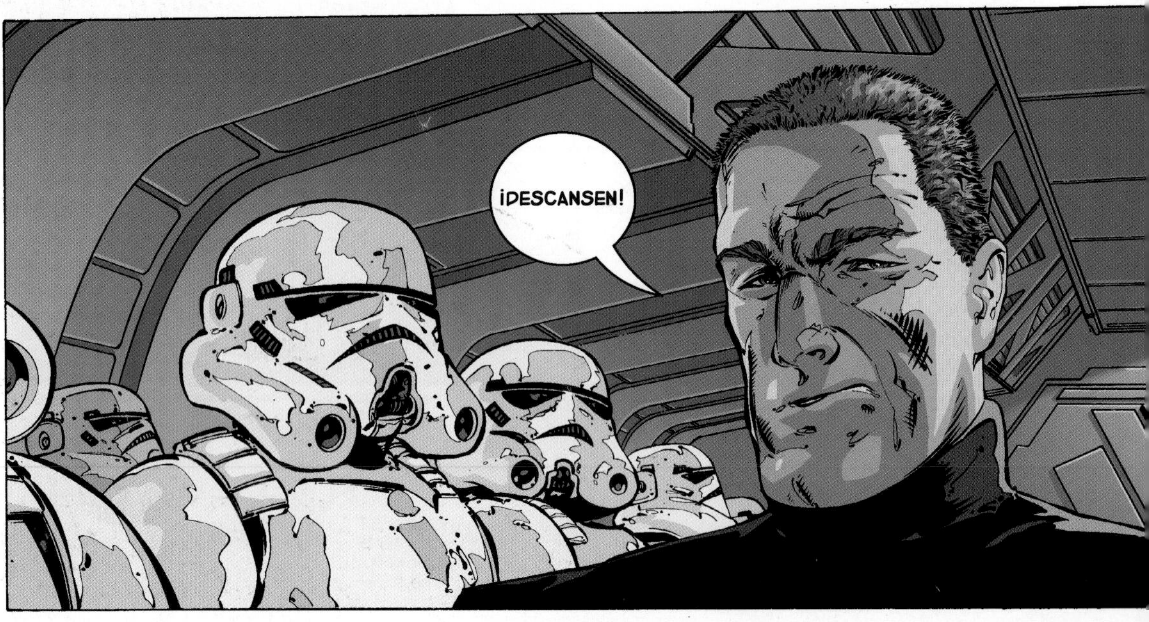
¡DESCANSEN!

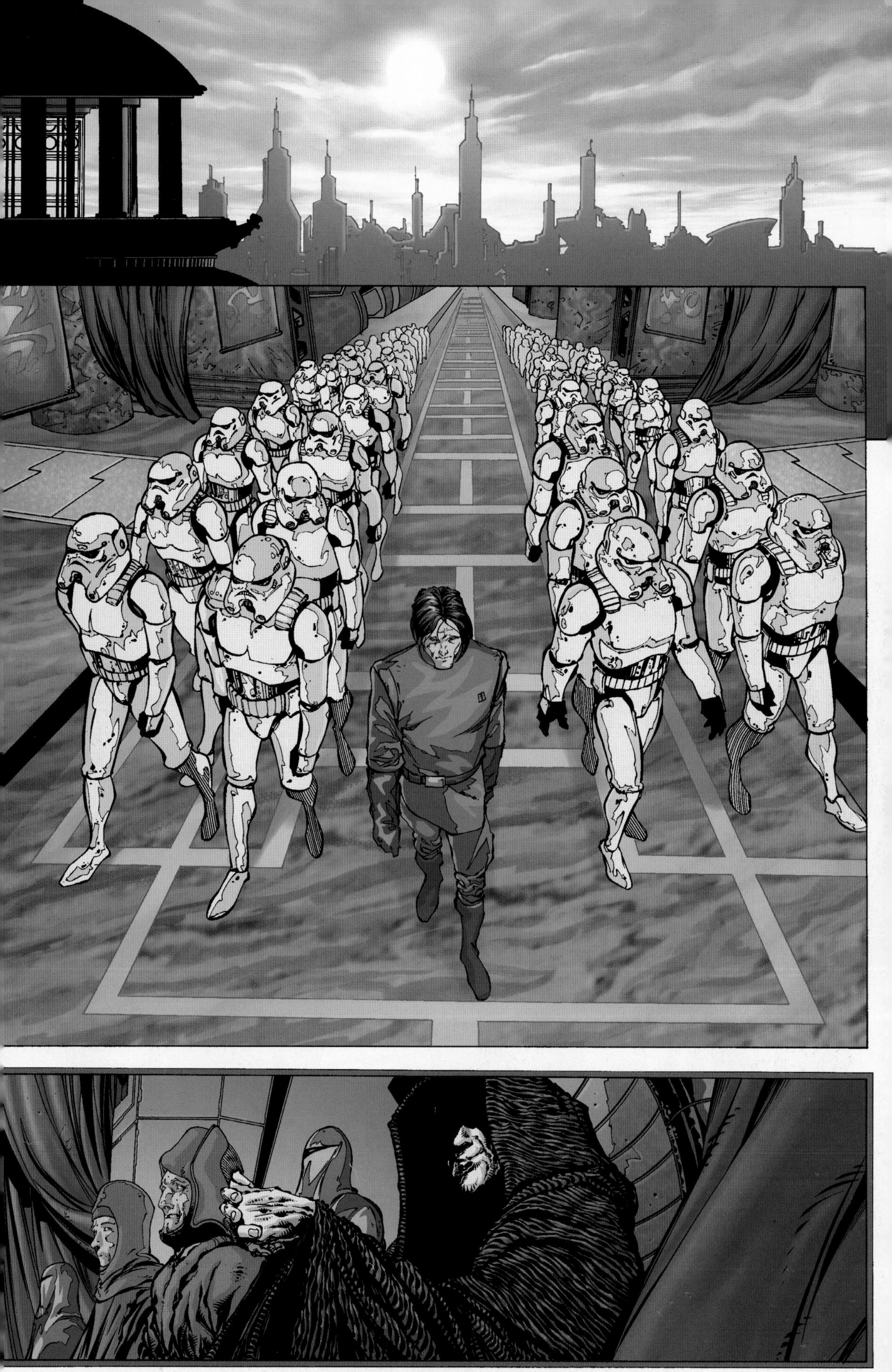

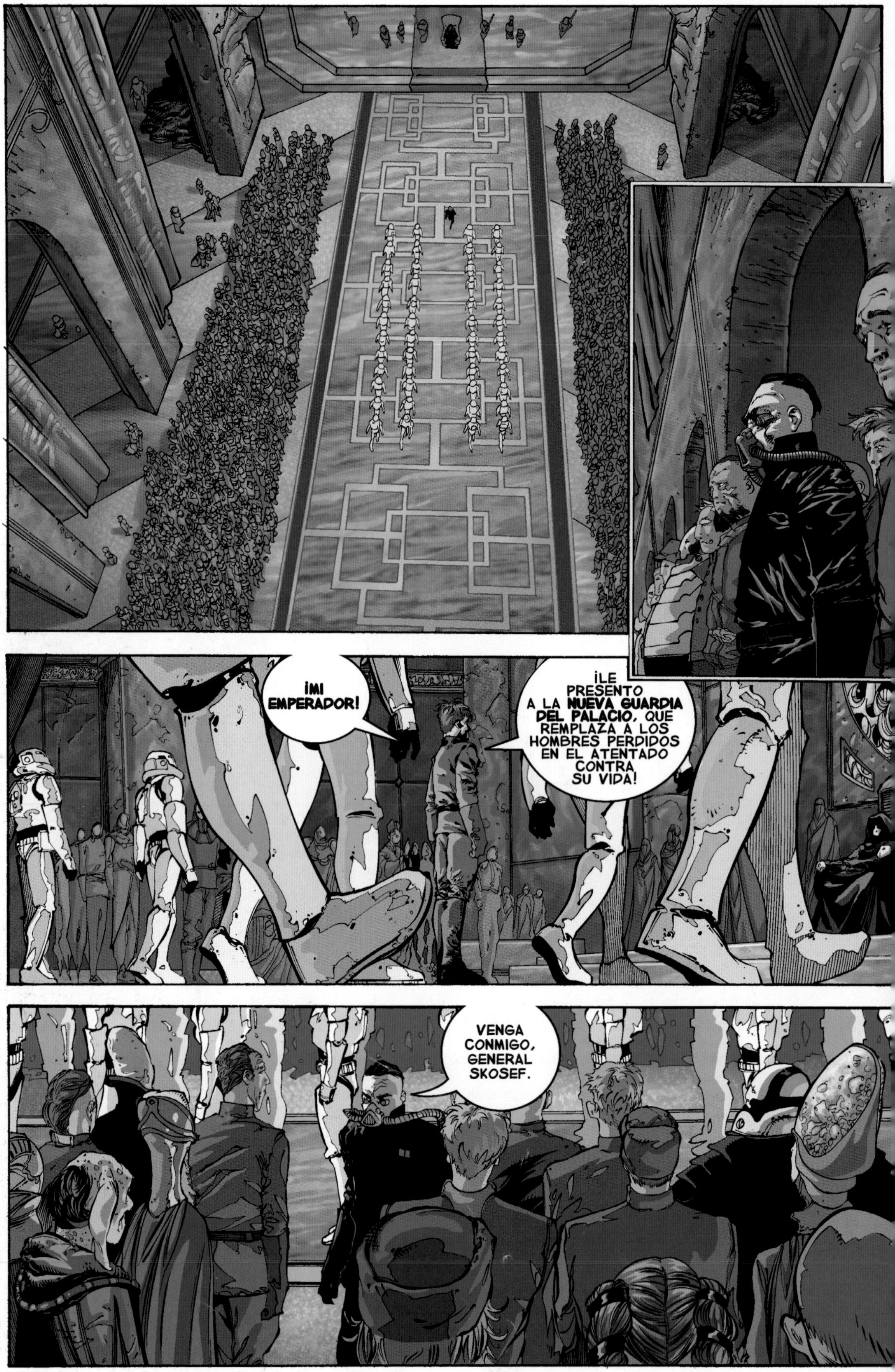
¡MI EMPERADOR!
¡LE PRESENTO A LA **NUEVA GUARDIA DEL PALACIO**, QUE REMPLAZA A LOS HOMBRES PERDIDOS EN EL ATENTADO CONTRA SU VIDA!
VENGA CONMIGO, GENERAL SKOSEF.

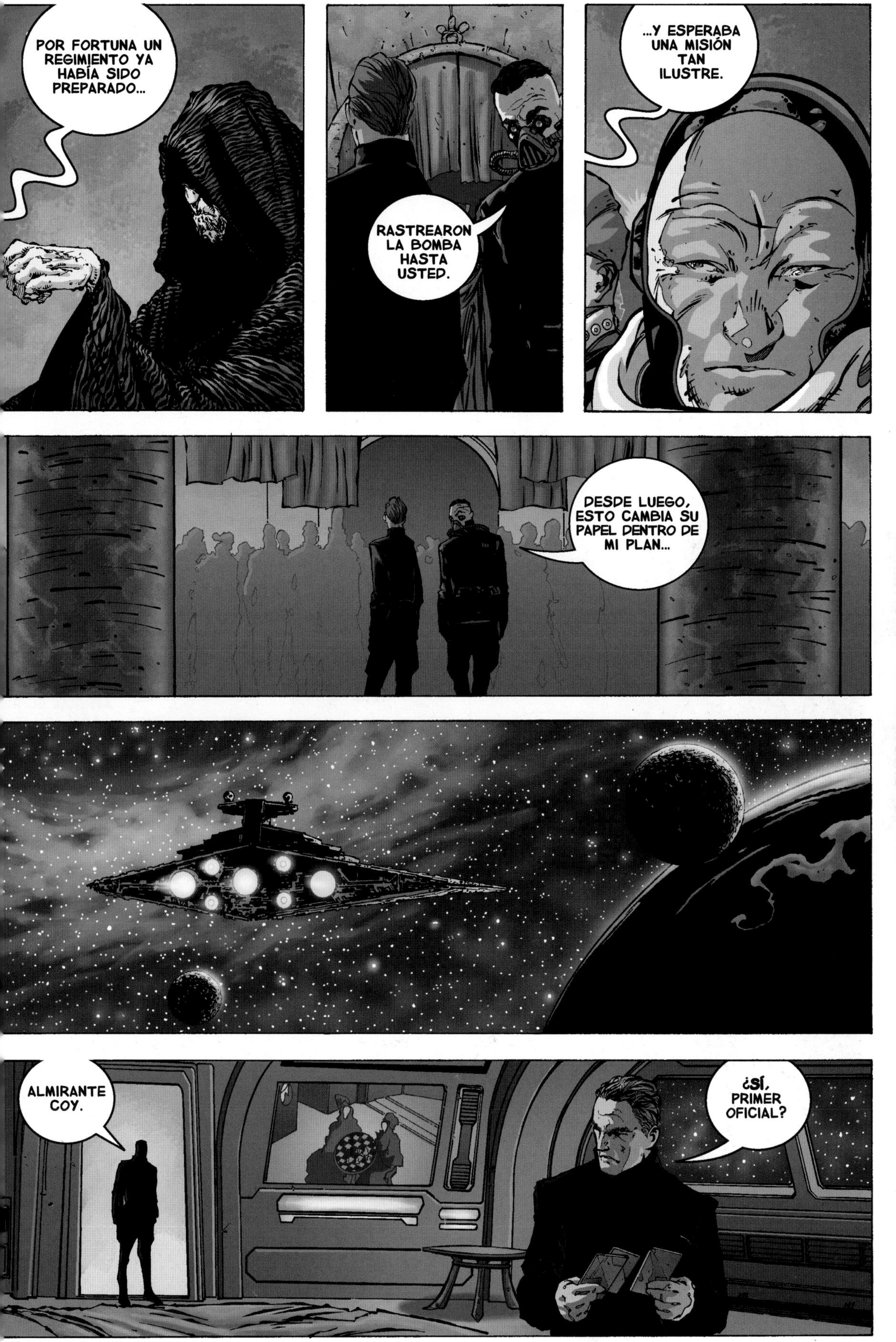
POR FORTUNA UN REGIMIENTO YA HABÍA SIDO PREPARADO...
RASTREARON LA BOMBA HASTA USTED.
...Y ESPERABA UNA MISIÓN TAN ILUSTRE.
DESDE LUEGO, ESTO CAMBIA SU PAPEL DENTRO DE MI PLAN...
ALMIRANTE COY.
¿SÍ, PRIMER OFICIAL?

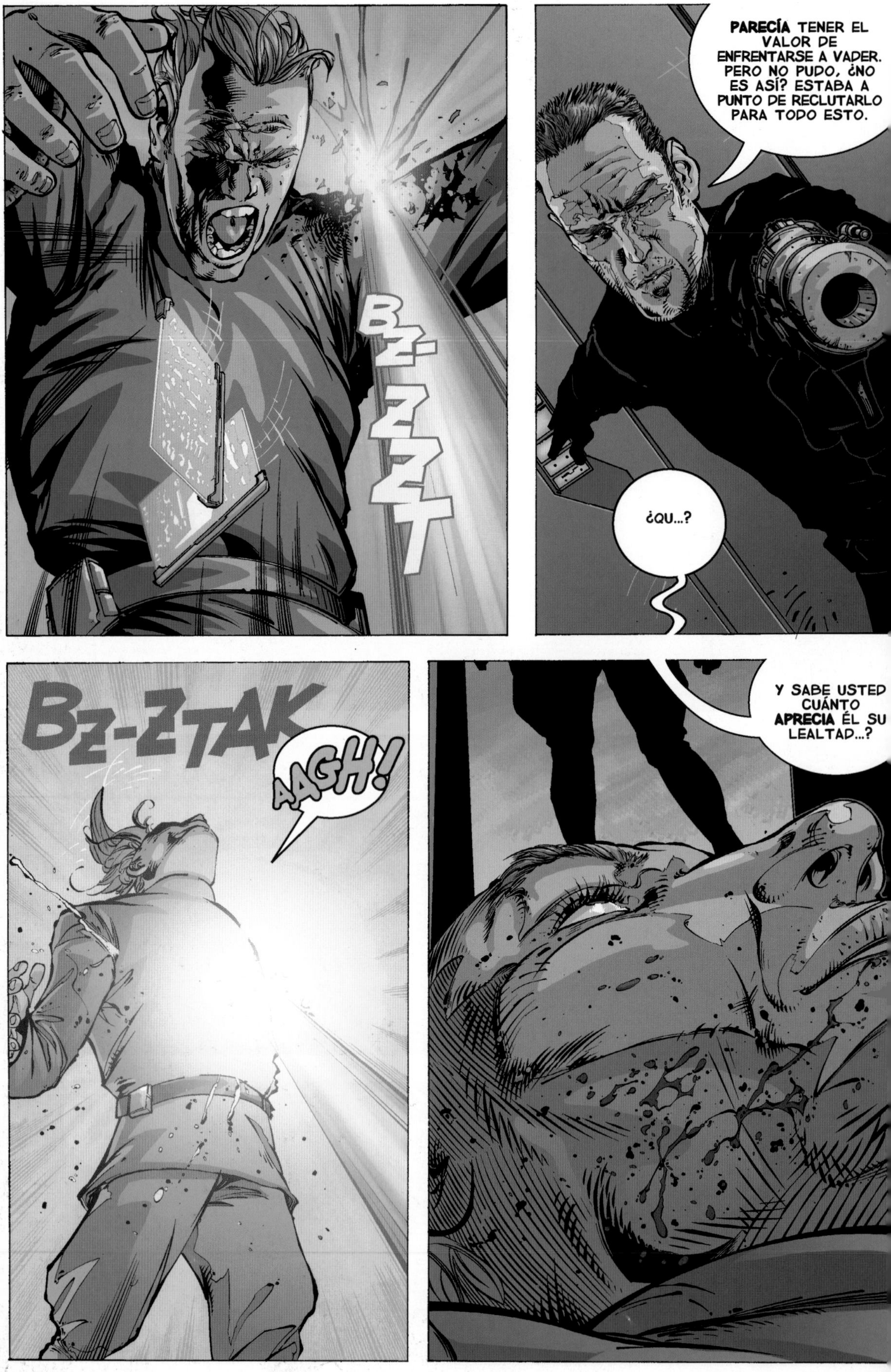
BZ-ZZZT
PARECÍA TENER EL VALOR DE ENFRENTARSE A VADER. PERO NO PUDO, ¿NO ES ASÍ? ESTABA A PUNTO DE RECLUTARLO PARA TODO ESTO.
¿QU...?
BZ-ZTAK
AAGH!
Y SABE USTED CUÁNTO APRECIA ÉL SU LEALTAD...?

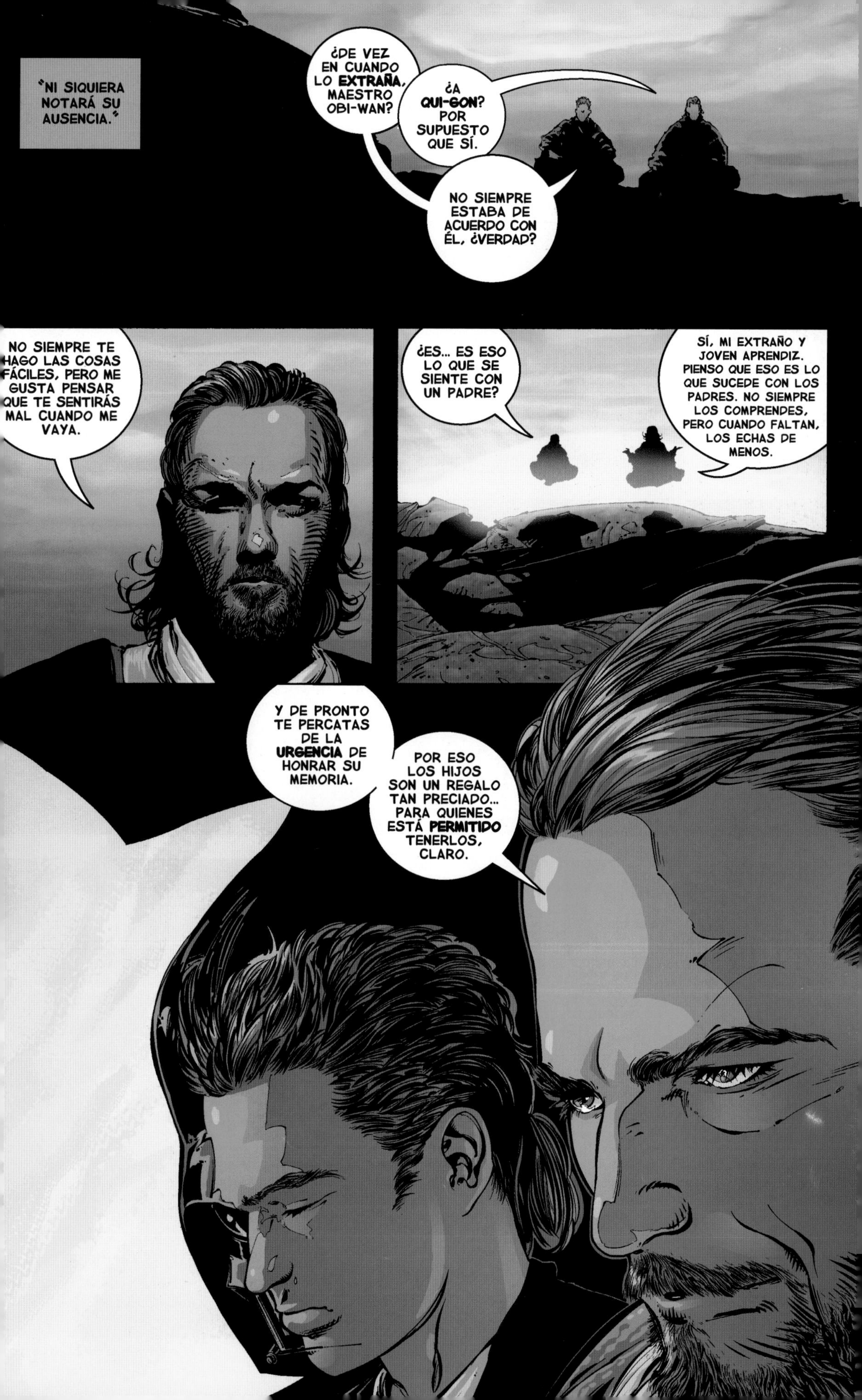

"NI SIQUIERA NOTARÁ SU AUSENCIA."
¿DE VEZ EN CUANDO LO EXTRAÑA, MAESTRO OBI-WAN?
¿A QUI-GON? POR SUPUESTO QUE SÍ.
NO SIEMPRE ESTABA DE ACUERDO CON ÉL, ¿VERDAD?
NO SIEMPRE TE HAGO LAS COSAS FÁCILES, PERO ME GUSTA PENSAR QUE TE SENTIRÁS MAL CUANDO ME VAYA.
¿ES... ES ESO LO QUE SE SIENTE CON UN PADRE?
SÍ, MI EXTRAÑO Y JOVEN APRENDIZ. PIENSO QUE ESO ES LO QUE SUCEDE CON LOS PADRES. NO SIEMPRE LOS COMPRENDES, PERO CUANDO FALTAN, LOS ECHAS DE MENOS.
Y DE PRONTO TE PERCATAS DE LA URGENCIA DE HONRAR SU MEMORIA.
POR ESO LOS HIJOS SON UN REGALO TAN PRECIADO... PARA QUIENES ESTÁ PERMITIDO TENERLOS, CLARO.

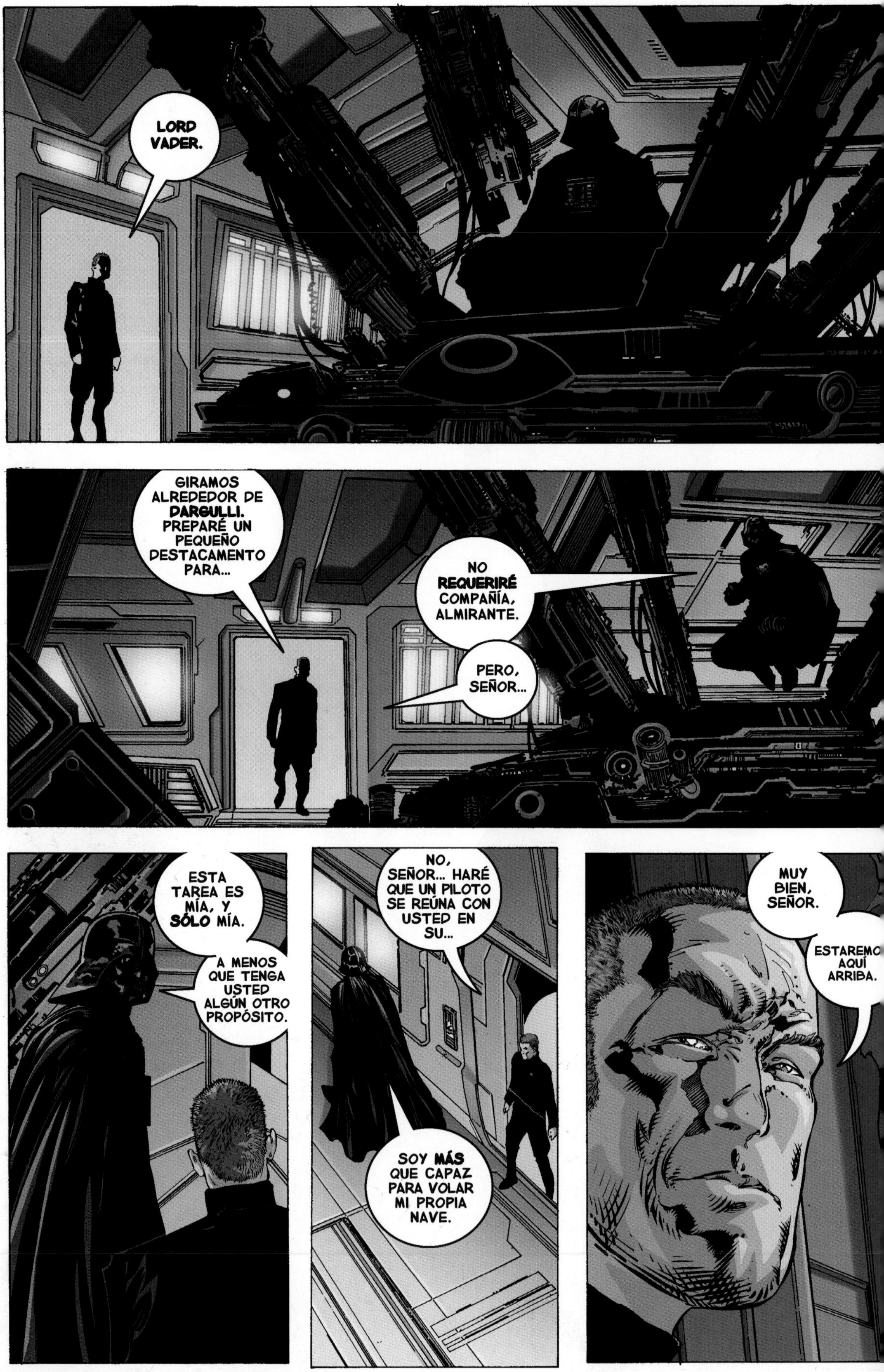
LORD VADER.
GIRAMOS ALREDEDOR DE DARGULLI. PREPARÉ UN PEQUEÑO DESTACAMENTO PARA...
NO REQUERIRÉ COMPAÑÍA, ALMIRANTE.
PERO, SEÑOR...
ESTA TAREA ES MÍA, Y SÓLO MÍA.
A MENOS QUE TENGA USTED ALGÚN OTRO PROPÓSITO.
NO, SEÑOR... HARÉ QUE UN PILOTO SE REÚNA CON USTED EN SU...
SOY MÁS QUE CAPAZ PARA VOLAR MI PROPIA NAVE.
MUY BIEN, SEÑOR.
ESTAREMO AQUÍ ARRIBA.

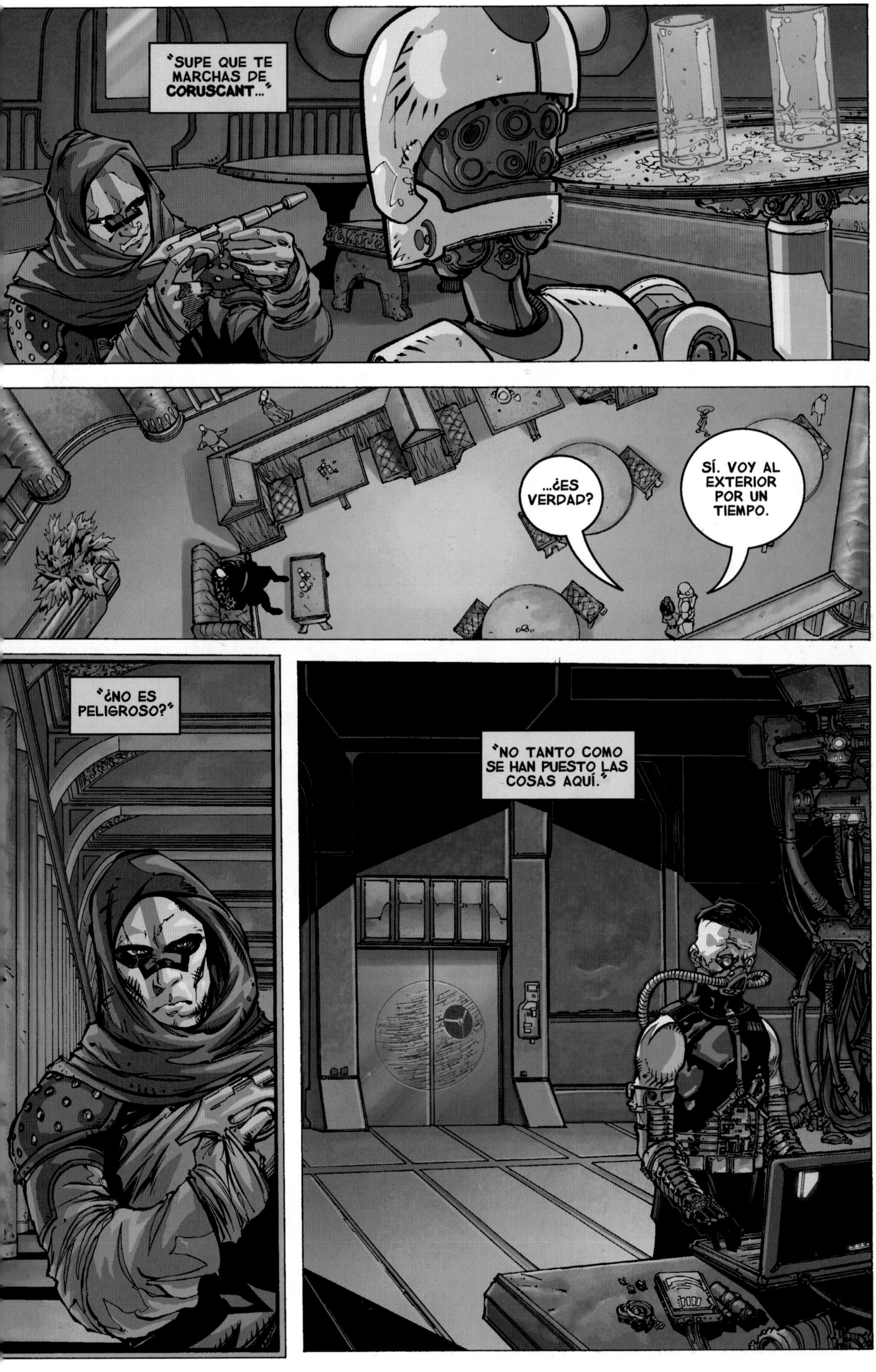
"SUPE QUE TE MARCHAS DE CORUSCANT..."
...¿ES VERDAD?
SÍ. VOY AL EXTERIOR POR UN TIEMPO.
"¿NO ES PELIGROSO?"
"NO TANTO COMO SE HAN PUESTO LAS COSAS AQUÍ."

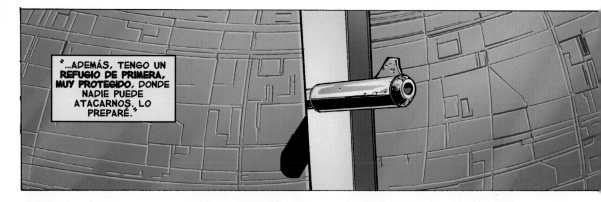

"...ADEMÁS, TENGO UN **REFUGIO DE PRIMERA, MUY PROTEGIDO**, DONDE NADIE PUEDE ATACARNOS. LO PREPARÉ."

PARECES MUY SEGURO DE TI MISMO.

NOO, ES SÓLO QUE DESPUÉS DEL ATENTADO CONTRA **PALPATINE**, LAS COSAS SE HAN CALENTADO.

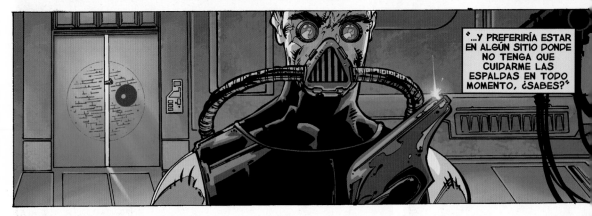

"...Y PREFERIRÍA ESTAR EN ALGÚN SITIO DONDE NO TENGA QUE CUIDARME LAS ESPALDAS EN TODO MOMENTO, ¿SABES?"

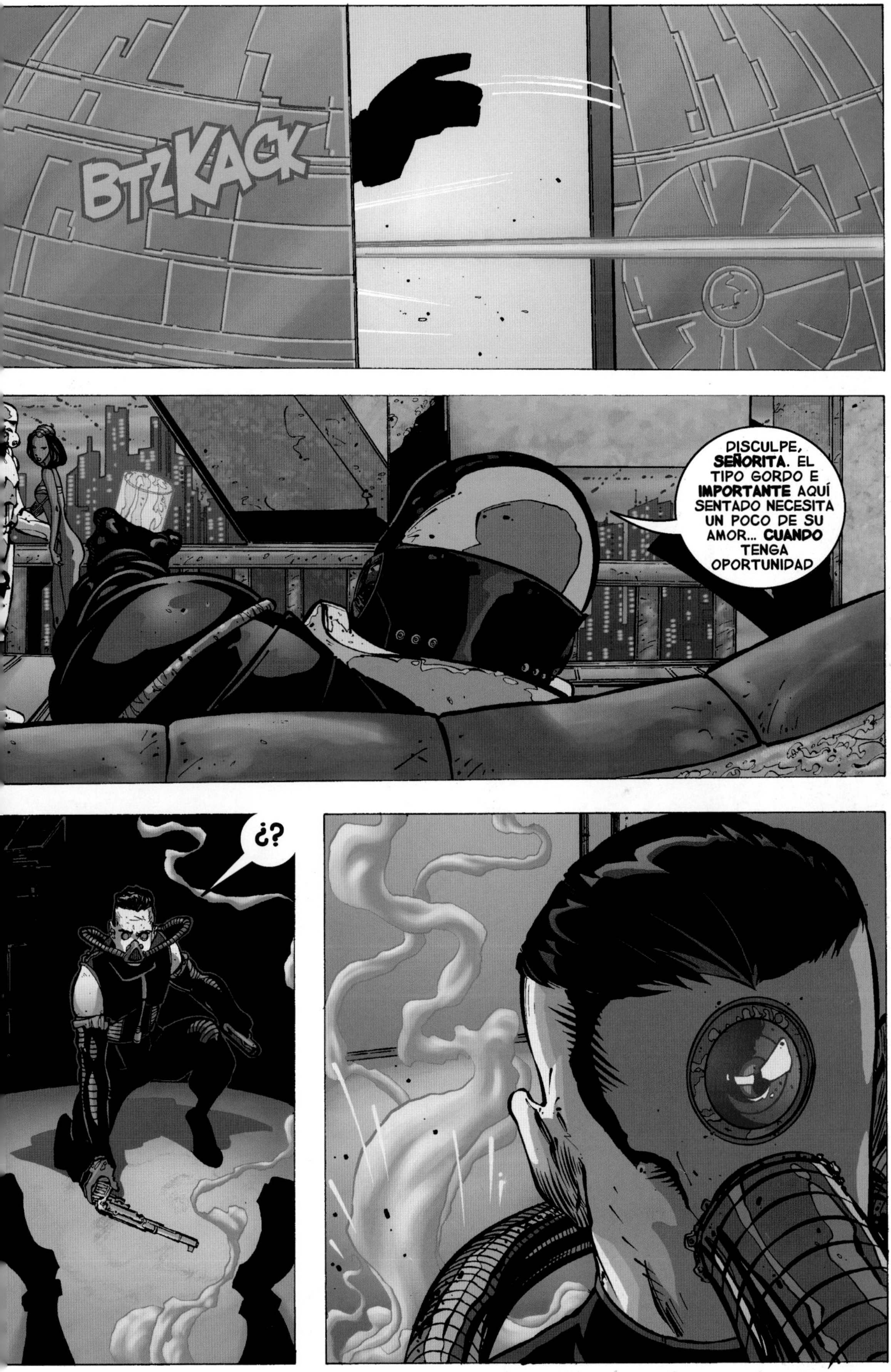
BTZKACK
DISCULPE, SEÑORITA. EL TIPO GORDO E IMPORTANTE AQUÍ SENTADO NECESITA UN POCO DE SU AMOR... CUANDO TENGA OPORTUNIDAD
¿?

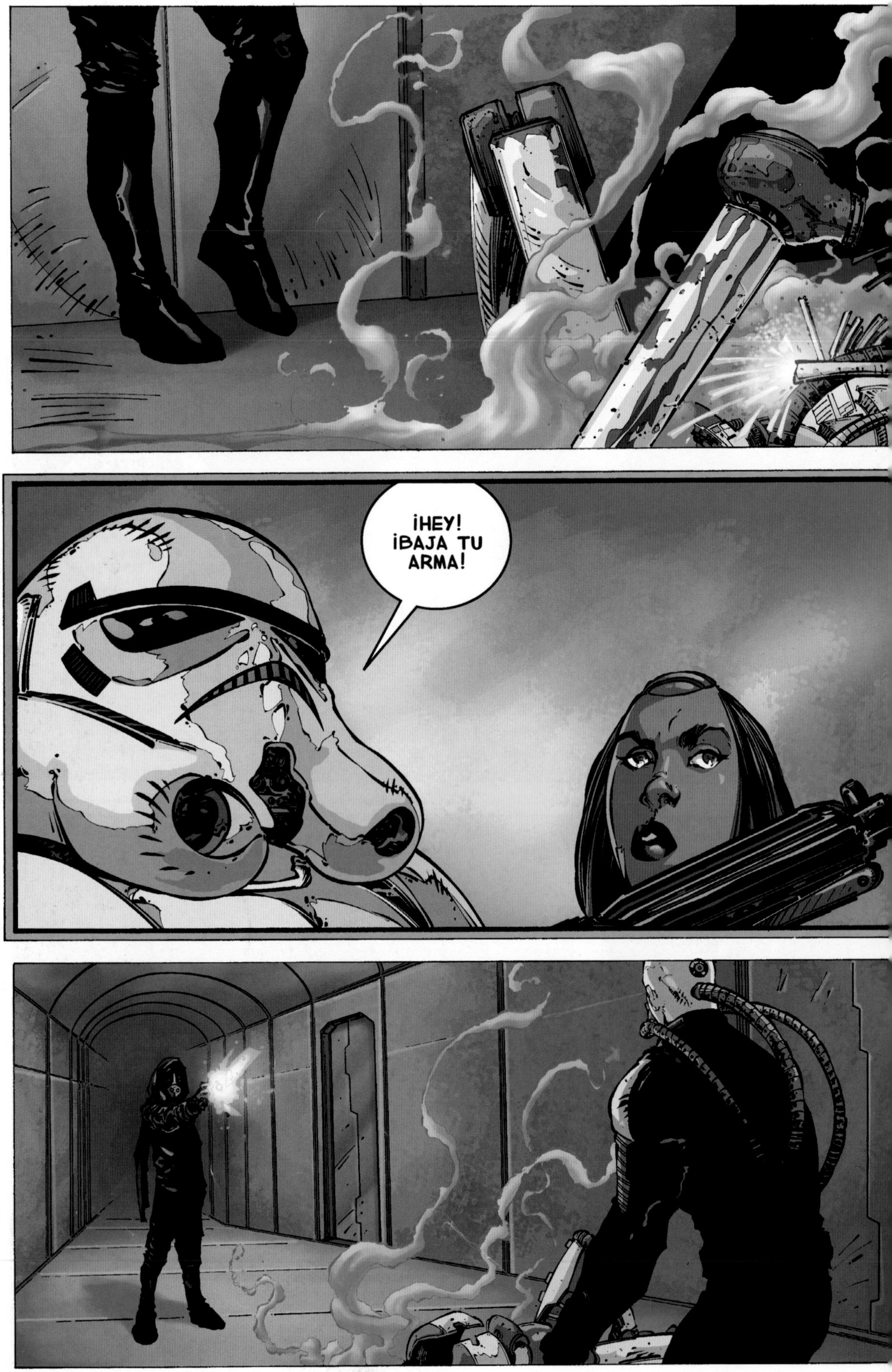
¡HEY! ¡BAJA TU ARMA!

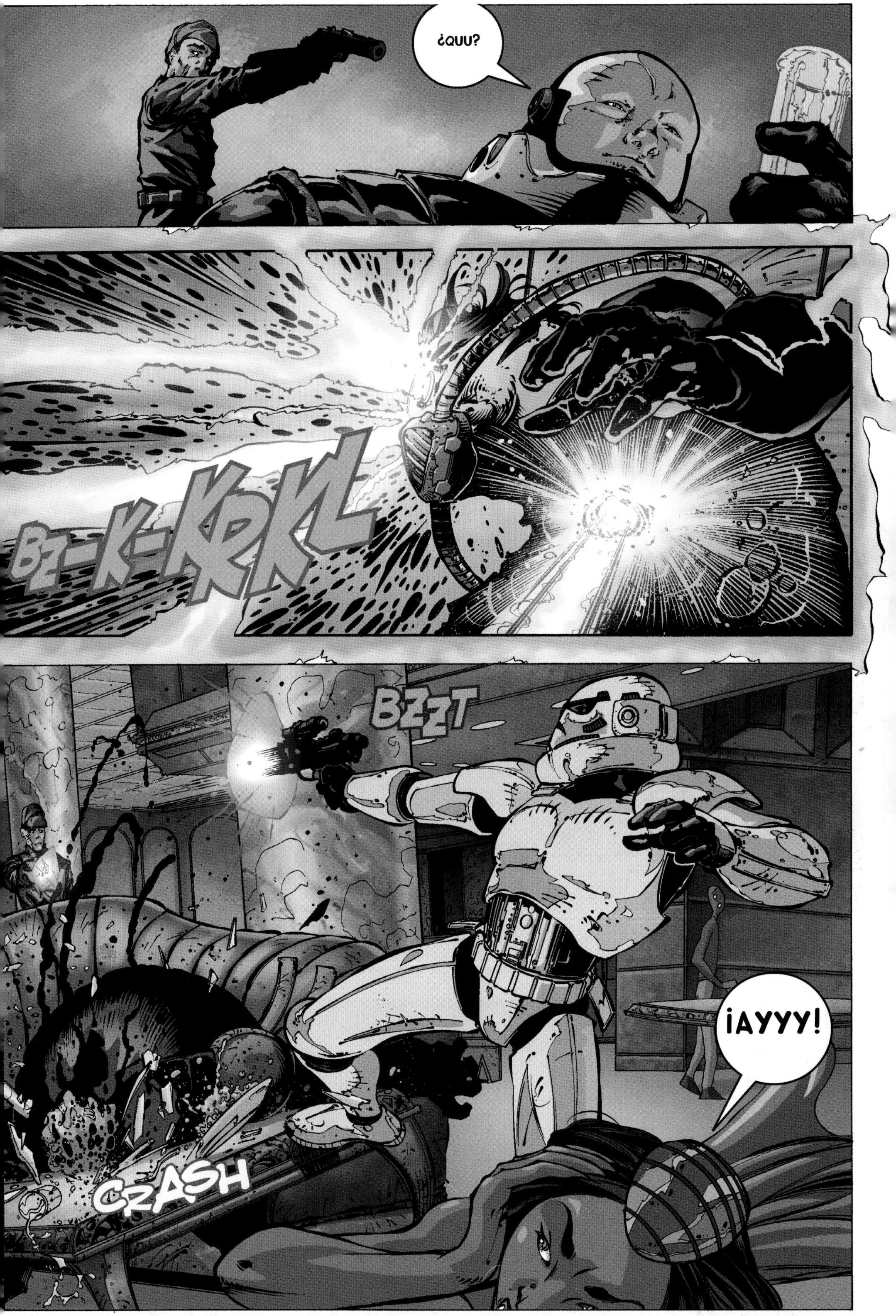
¿QUU?
BZ-K-KRKL
BZZT
¡AYYY!
CRASH

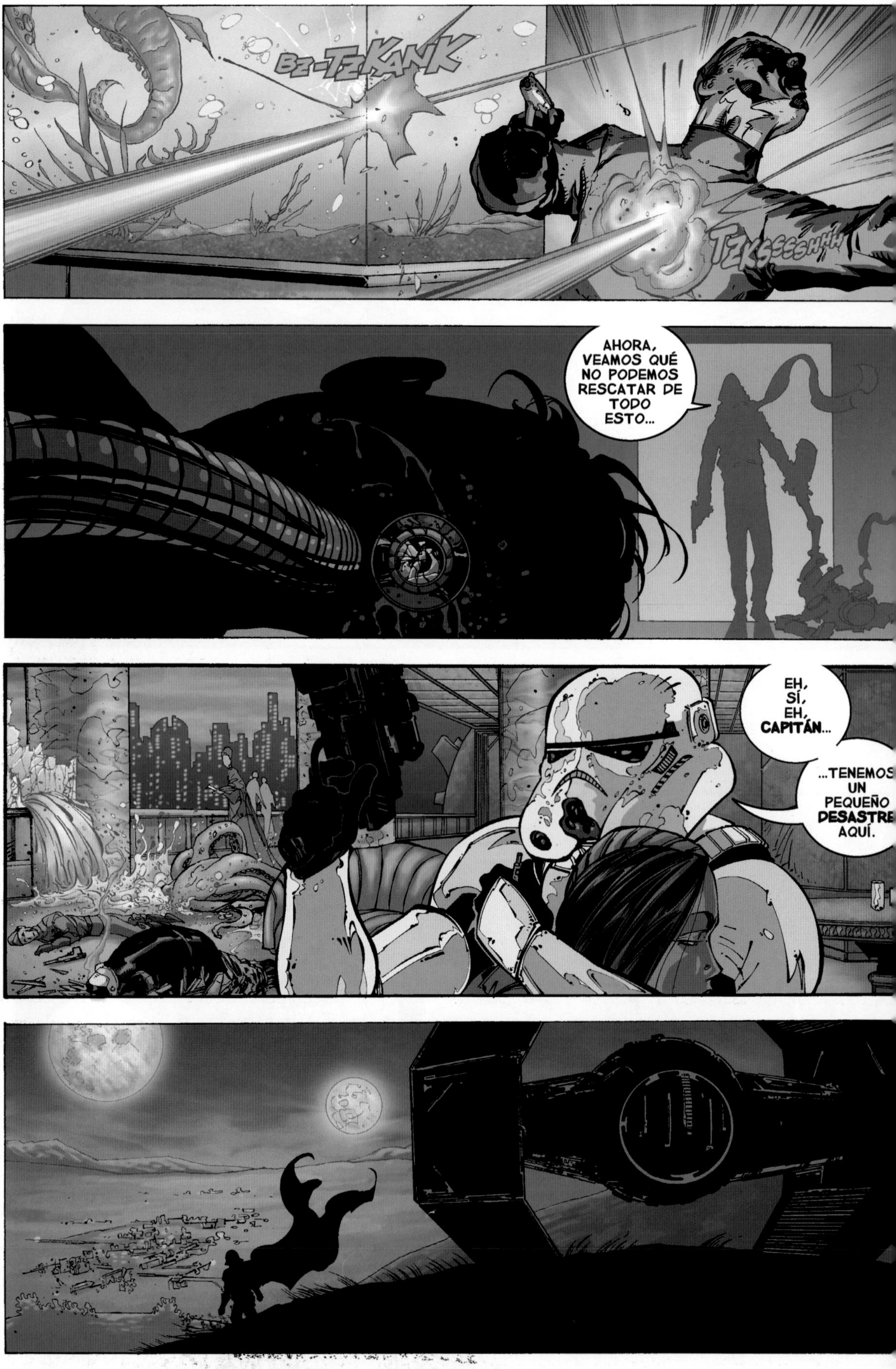
BZ-TZKANK
TZKSSSSHHH
AHORA, VEAMOS QUÉ NO PODEMOS RESCATAR DE TODO ESTO...
EH, SÍ, EH, CAPITÁN...
...TENEMOS UN PEQUEÑO DESASTRE AQUÍ.

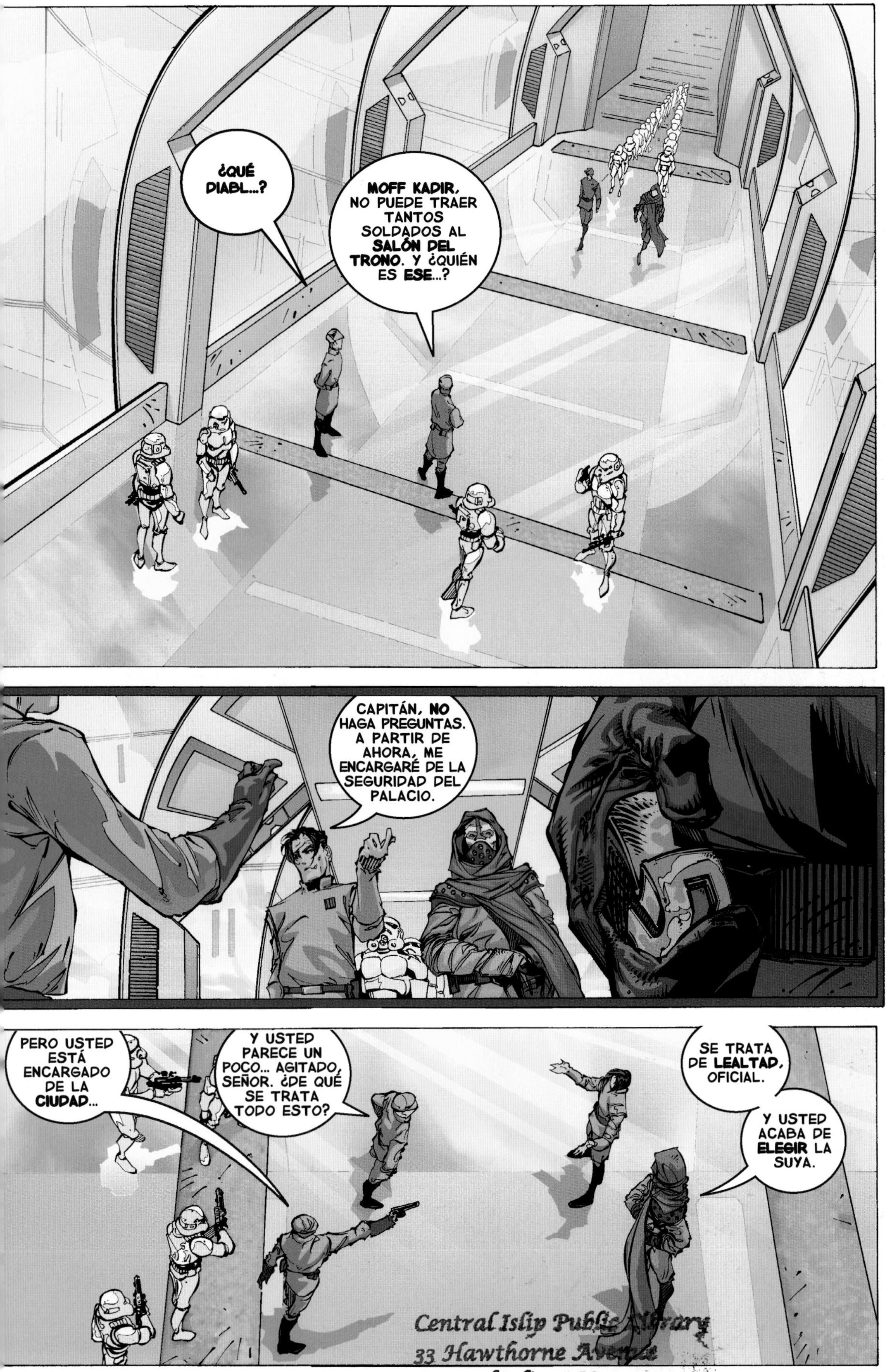
¿QUÉ DIABL...?
MOFF KADIR, NO PUEDE TRAER TANTOS SOLDADOS AL SALÓN DEL TRONO. Y ¿QUIÉN ES ESE...?
CAPITÁN, NO HAGA PREGUNTAS. A PARTIR DE AHORA, ME ENCARGARÉ DE LA SEGURIDAD DEL PALACIO.
PERO USTED ESTÁ ENCARGADO DE LA CIUDAD...
Y USTED PARECE UN POCO... AGITADO, SEÑOR. ¿DE QUÉ SE TRATA TODO ESTO?
SE TRATA DE LEALTAD, OFICIAL.
Y USTED ACABA DE ELEGIR LA SUYA.

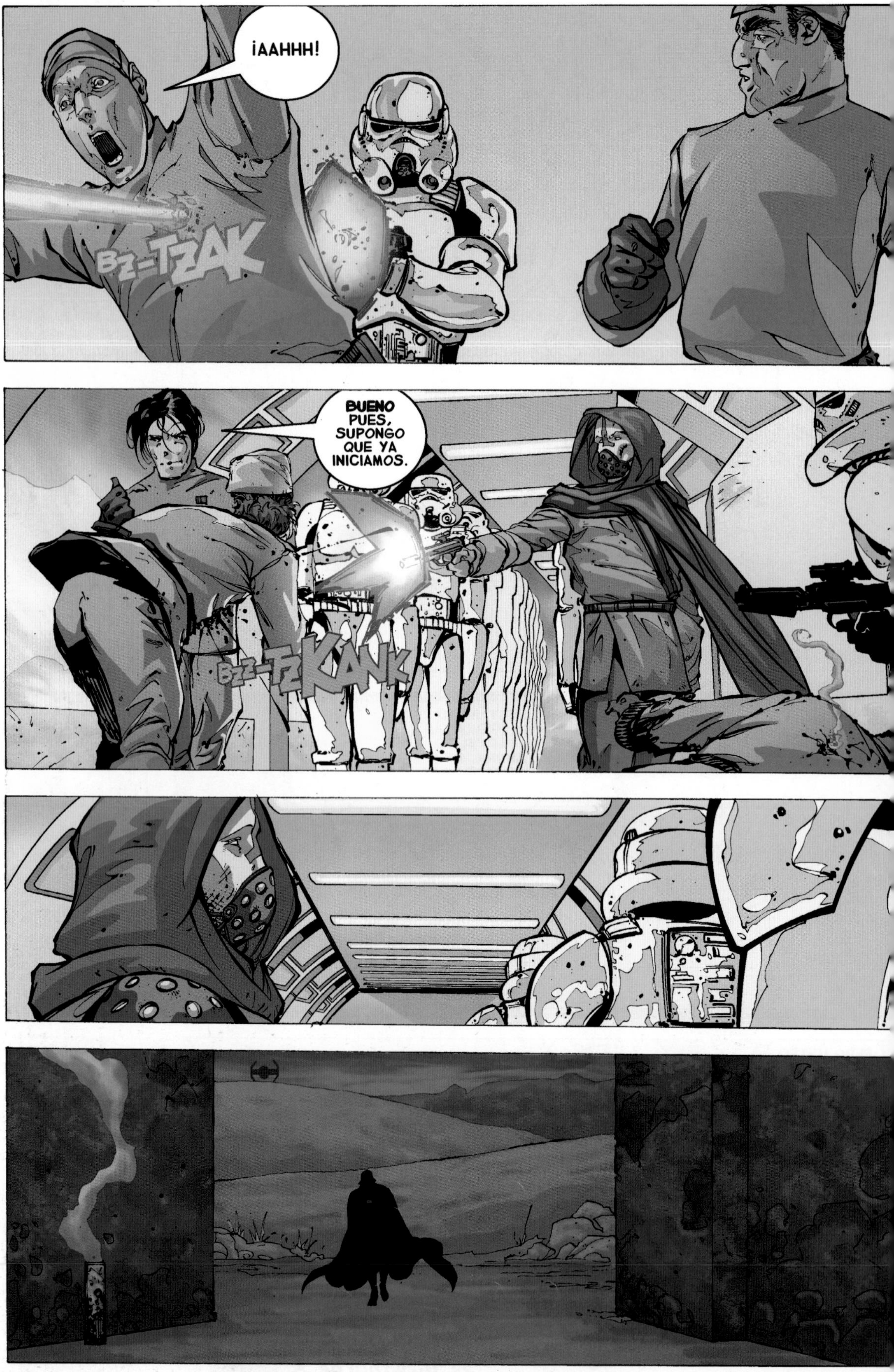
¡AAHHH!
BZ-TZAK
BUENO PUES, SUPONGO QUE YA INICIAMOS.
BZZ-TZKANK

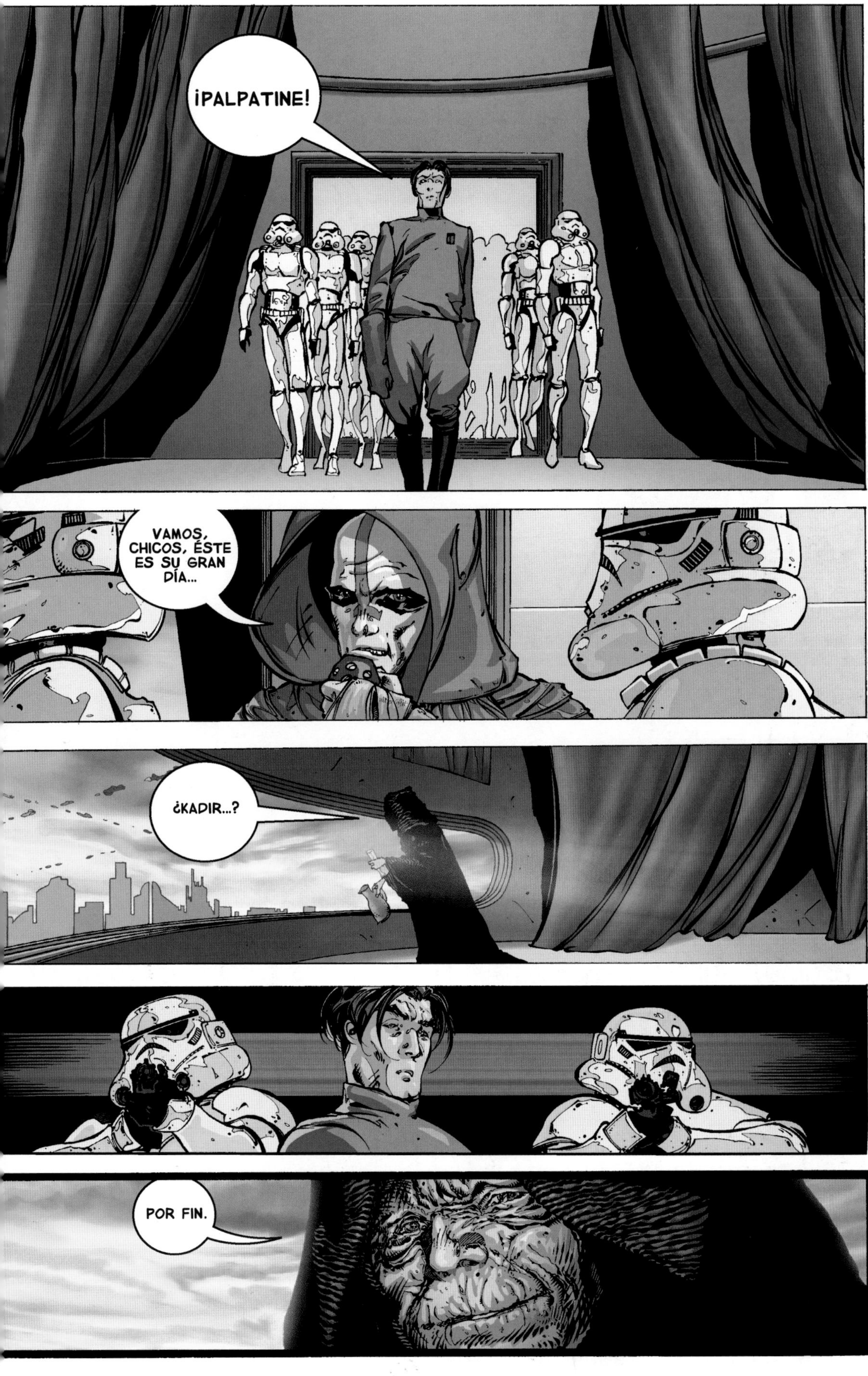
¡PALPATINE!
VAMOS, CHICOS, ÉSTE ES SU GRAN DÍA...
¿KADIR...?
POR FIN.

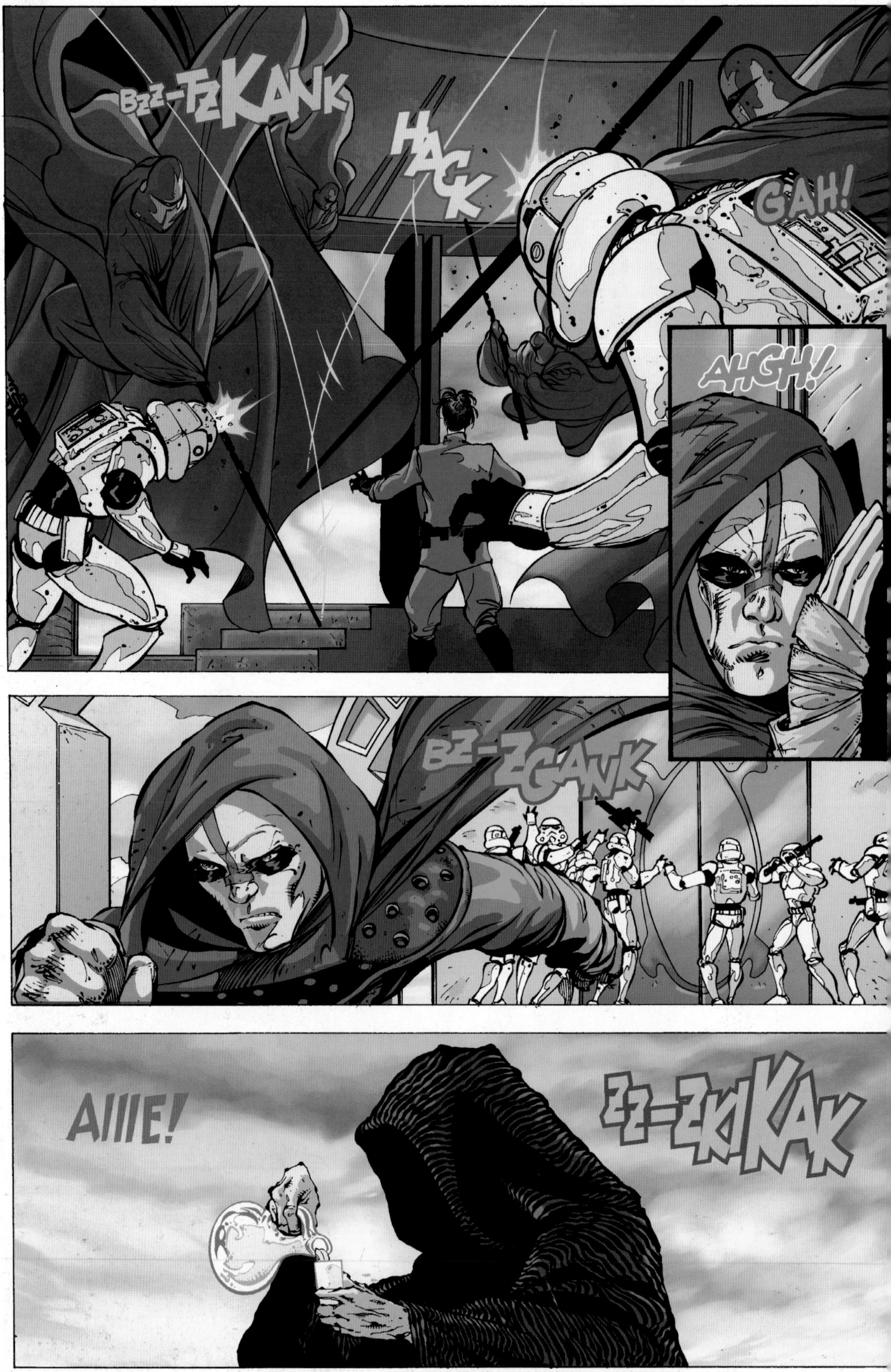
BZZ-TZKANK
HACK
GAH!
AHGH!
BZ-ZGANK
AIIIE!
ZZ-ZKKAK

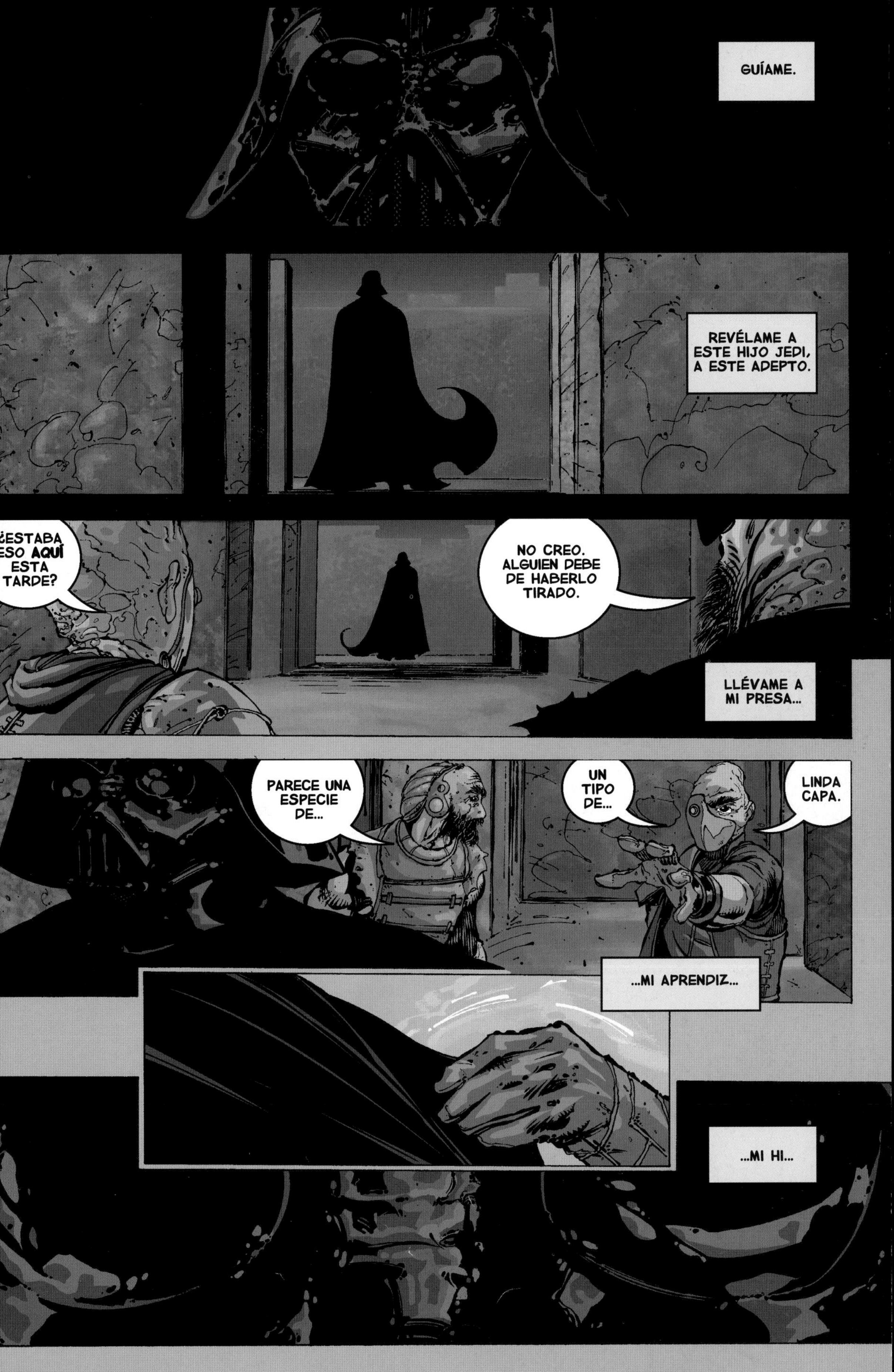
GUÍAME.
REVÉLAME A ESTE HIJO JEDI, A ESTE ADEPTO.
¿ESTABA ESO AQUÍ ESTA TARDE?
NO CREO. ALGUIEN DEBE DE HABERLO TIRADO.
LLÉVAME A MI PRESA...
PARECE UNA ESPECIE DE...
UN TIPO DE...
LINDA CAPA.
...MI APRENDIZ...
...MI HI...

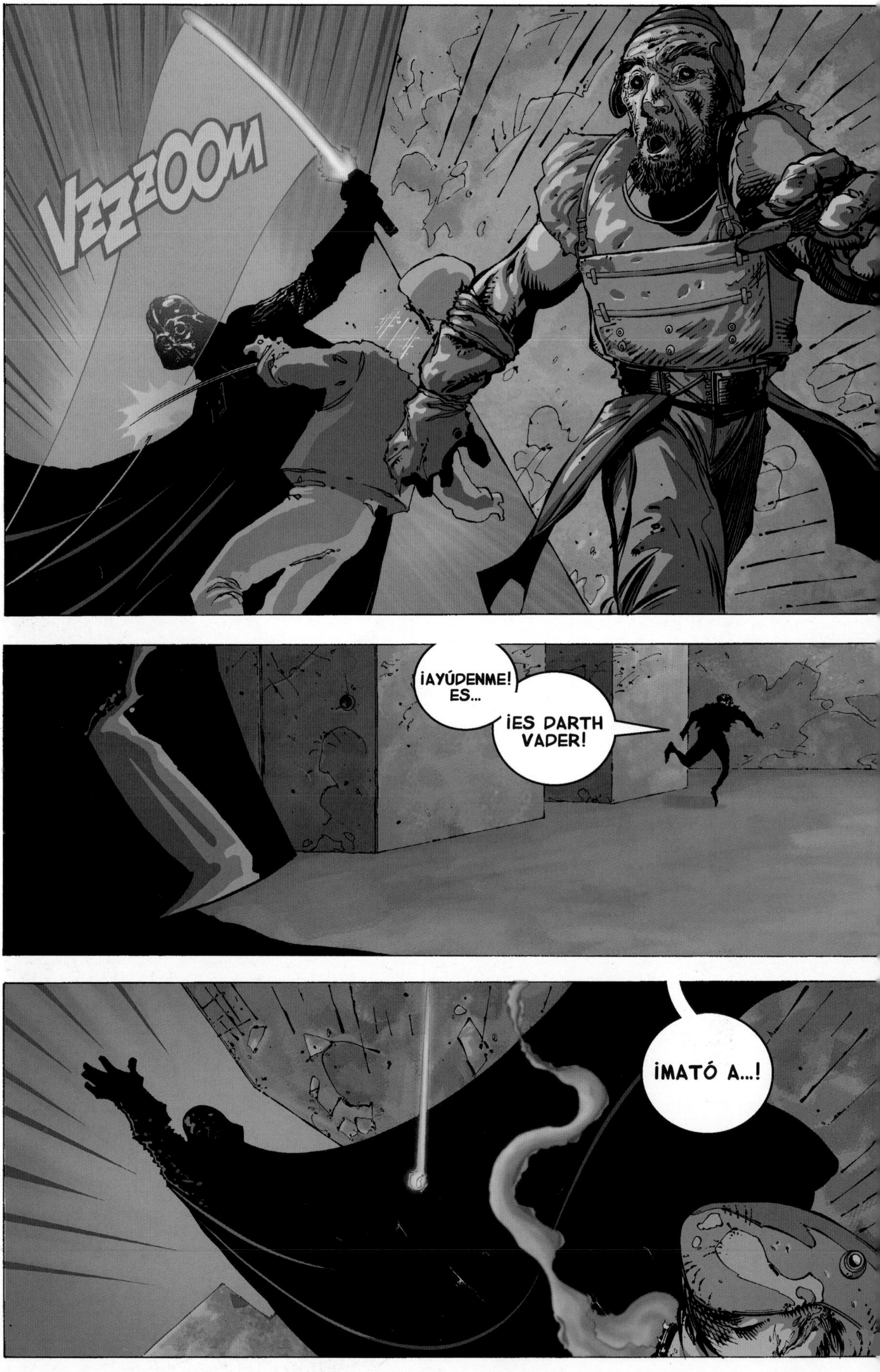
VZZZOOM
¡AYÚDENME! ES...
¡ES DARTH VADER!
¡MATÓ A...!

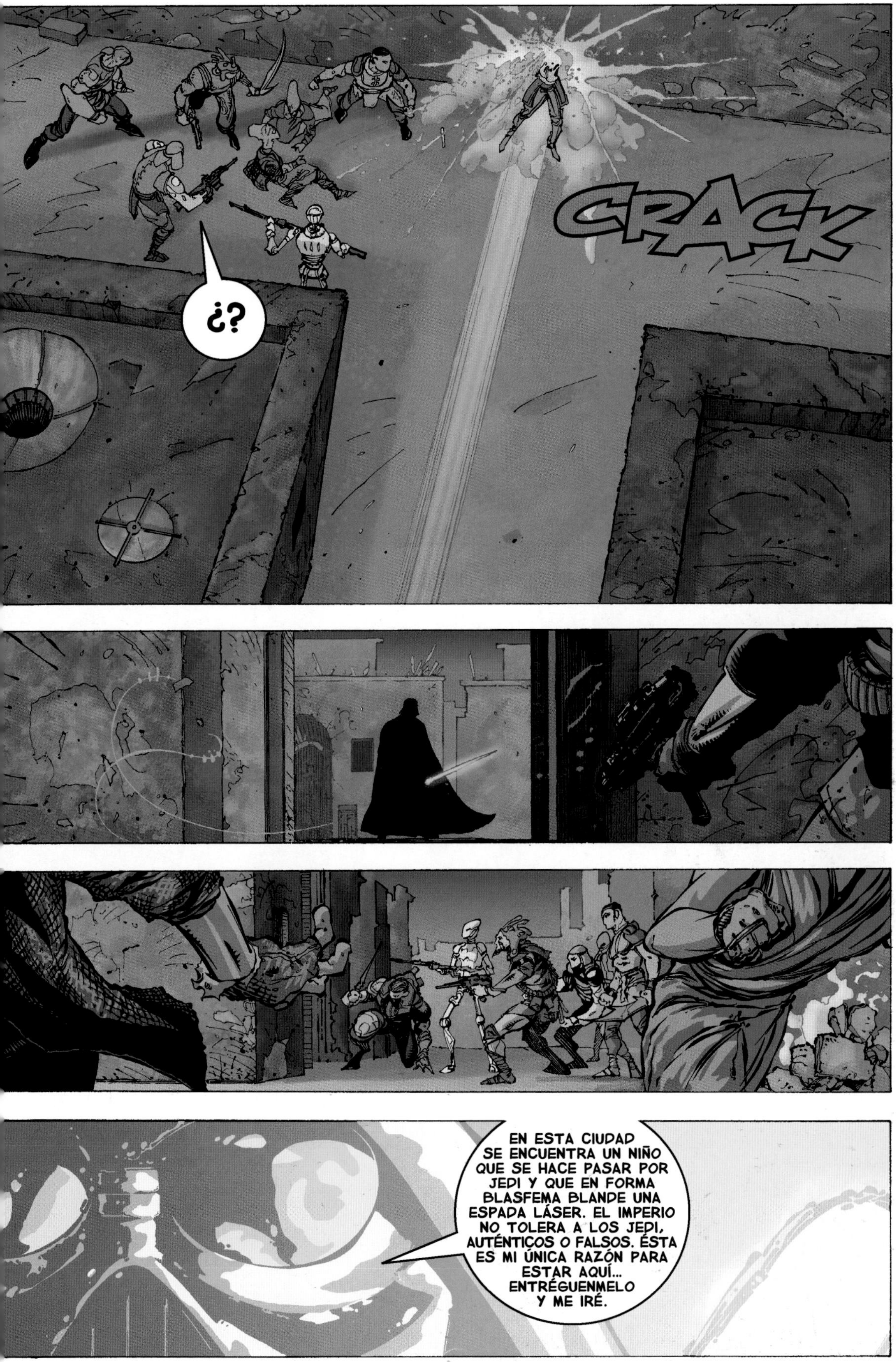
CRACK
¿?
EN ESTA CIUDAD SE ENCUENTRA UN NIÑO QUE SE HACE PASAR POR JEDI Y QUE EN FORMA BLASFEMA BLANDE UNA ESPADA LÁSER. EL IMPERIO NO TOLERA A LOS JEDI, AUTÉNTICOS O FALSOS. ÉSTA ES MI ÚNICA RAZÓN PARA ESTAR AQUÍ... ENTRÉGUENMELO Y ME IRÉ.

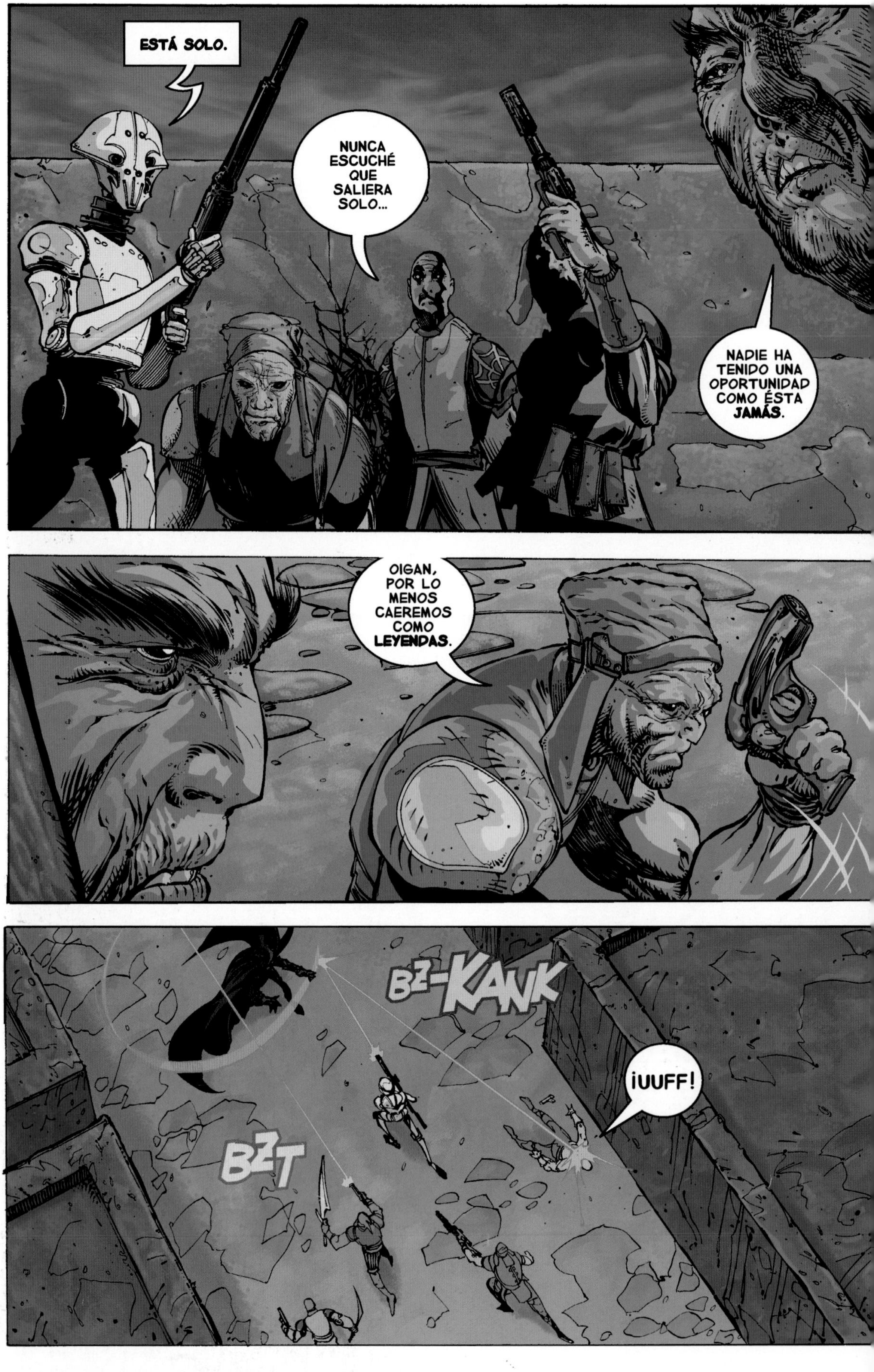
ESTÁ SOLO.
NUNCA ESCUCHÉ QUE SALIERA SOLO...
NADIE HA TENIDO UNA OPORTUNIDAD COMO ÉSTA JAMÁS.
OIGAN, POR LO MENOS CAEREMOS COMO LEYENDAS.
BZ-KANK
¡UUFF!
BZT

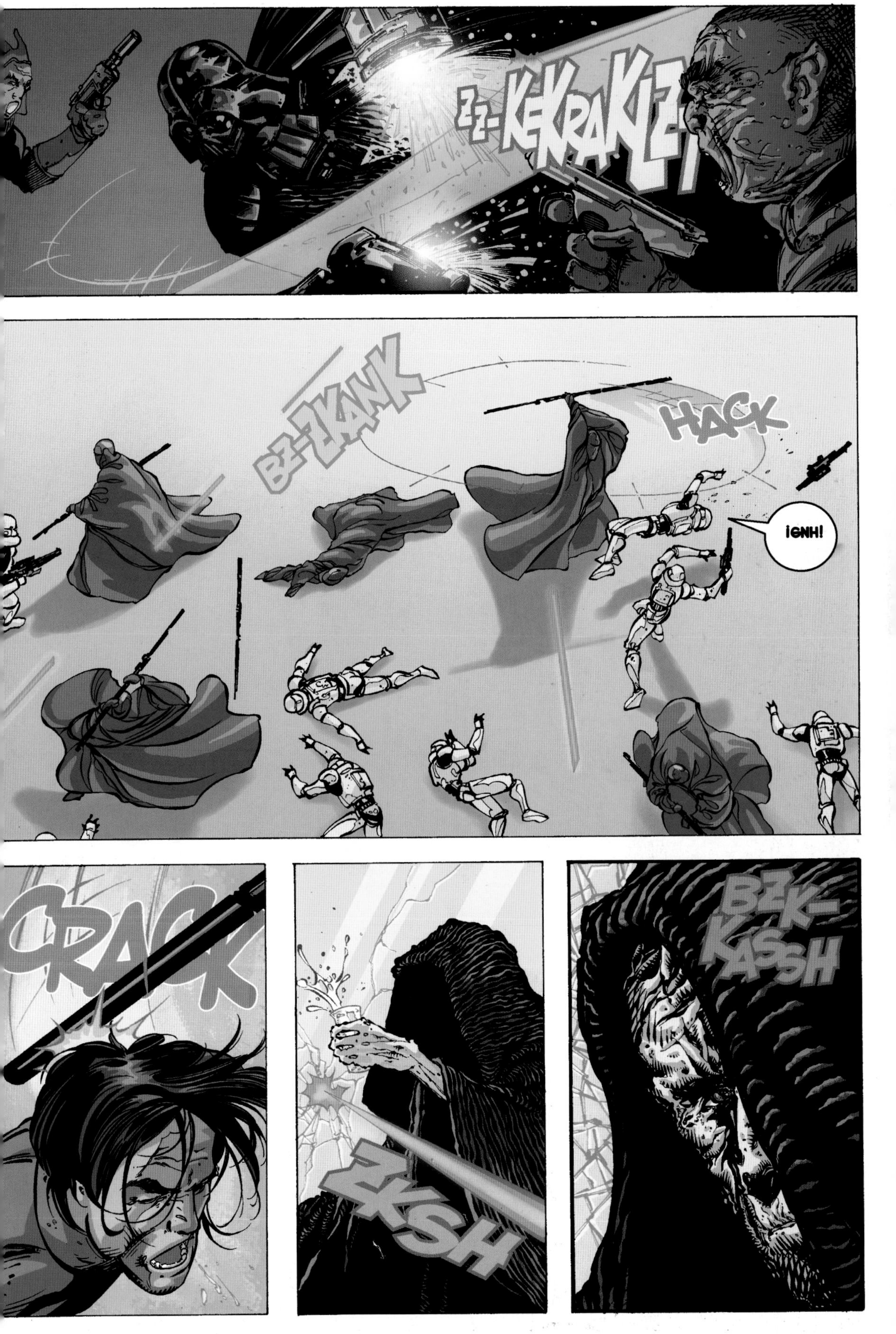
ZZ-KEKRAKLZZT
BZ-ZKANK
HACK
¡GNH!
CRACK
ZKSH
BZK-KASSH

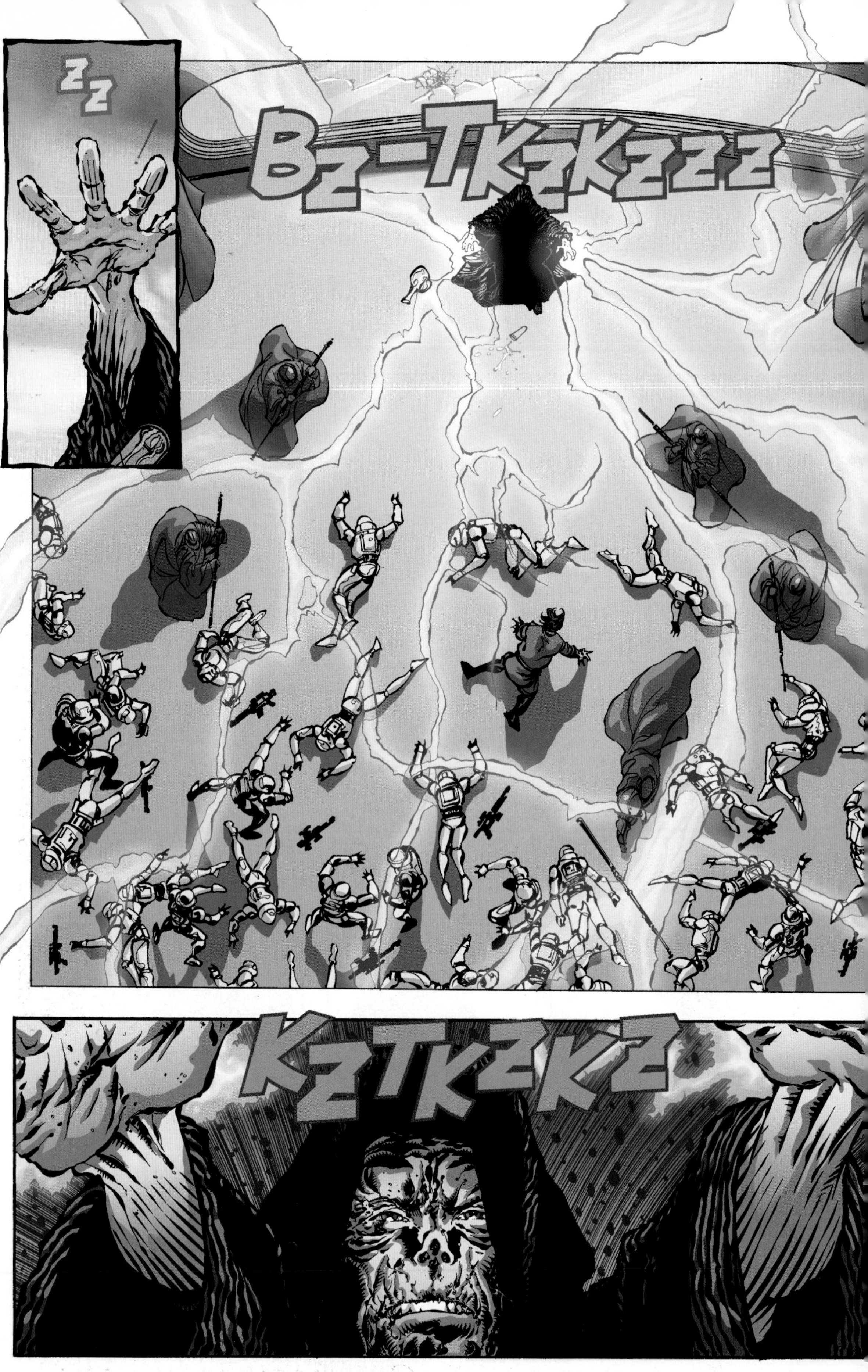
ZZ
BZ-TKZKZZZ
KZTKZKZ

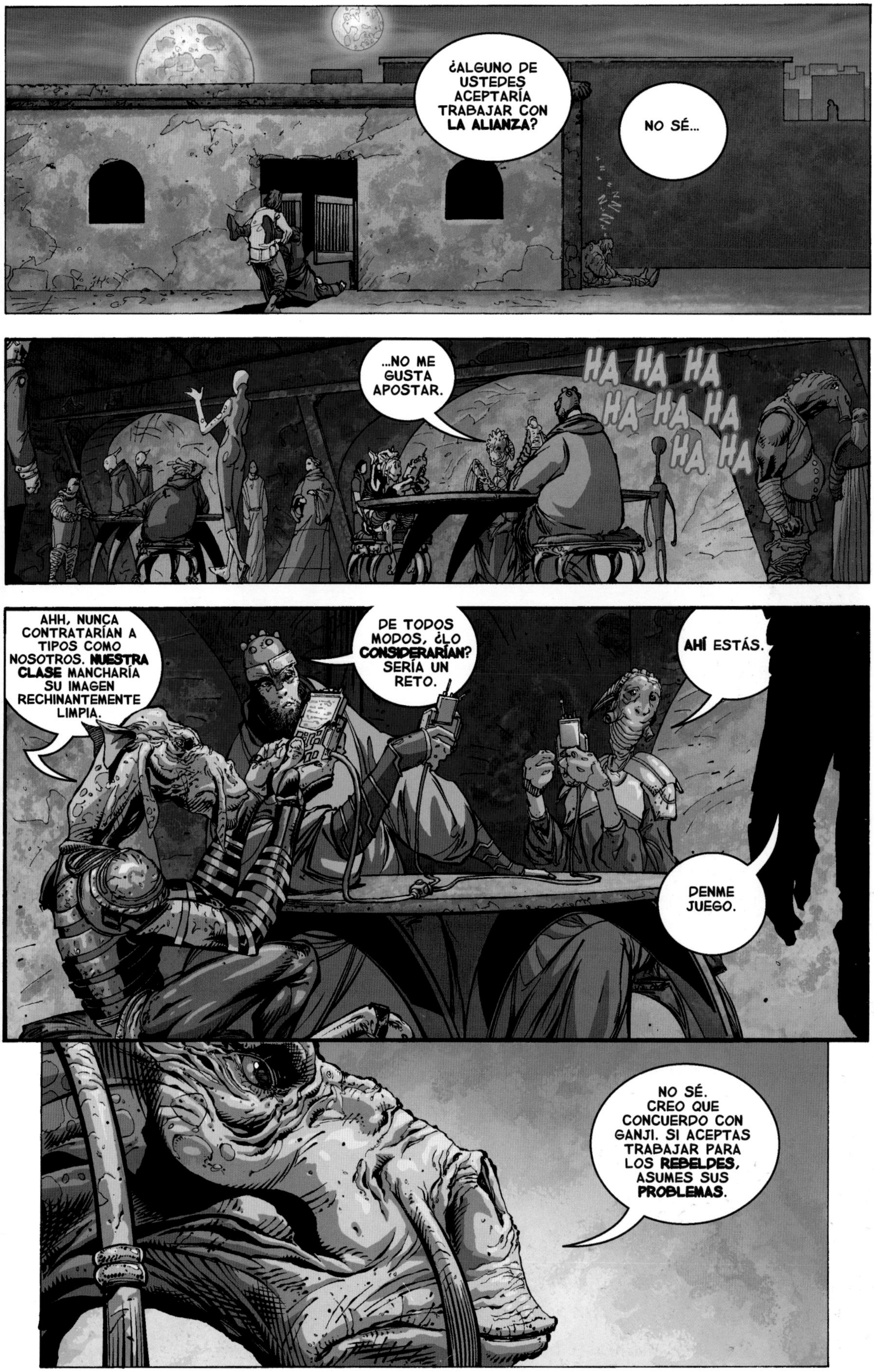
¿ALGUNO DE USTEDES ACEPTARÍA TRABAJAR CON LA ALIANZA?
NO SÉ...
...NO ME GUSTA APOSTAR.
HA HA HA HA HA HA HA HA
AHH, NUNCA CONTRATARÍAN A TIPOS COMO NOSOTROS. NUESTRA CLASE MANCHARÍA SU IMAGEN RECHINANTEMENTE LIMPIA.
DE TODOS MODOS, ¿LO CONSIDERARÍAN? SERÍA UN RETO.
AHÍ ESTÁS.
DENME JUEGO.
NO SÉ. CREO QUE CONCUERDO CON GANJI. SI ACEPTAS TRABAJAR PARA LOS REBELDES, ASUMES SUS PROBLEMAS.

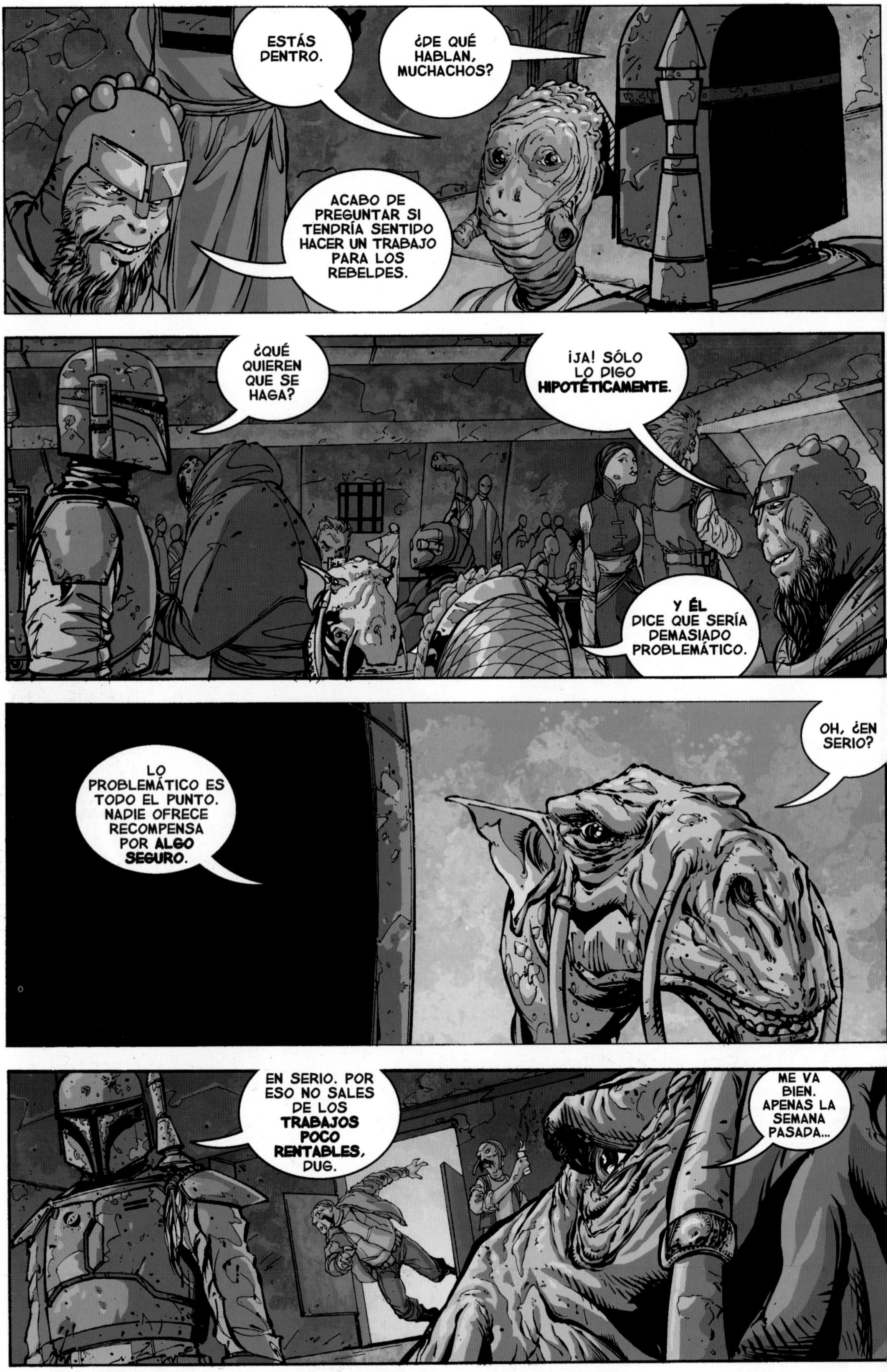
ESTÁS DENTRO.
¿DE QUÉ HABLAN, MUCHACHOS?
ACABO DE PREGUNTAR SI TENDRÍA SENTIDO HACER UN TRABAJO PARA LOS REBELDES.
¿QUÉ QUIEREN QUE SE HAGA?
¡JA! SÓLO LO DIGO HIPOTÉTICAMENTE.
Y ÉL DICE QUE SERÍA DEMASIADO PROBLEMÁTICO.
OH, ¿EN SERIO?
LO PROBLEMÁTICO ES TODO EL PUNTO. NADIE OFRECE RECOMPENSA POR ALGO SEGURO.
EN SERIO. POR ESO NO SALES DE LOS TRABAJOS POCO RENTABLES, DUG.
ME VA BIEN. APENAS LA SEMANA PASADA...

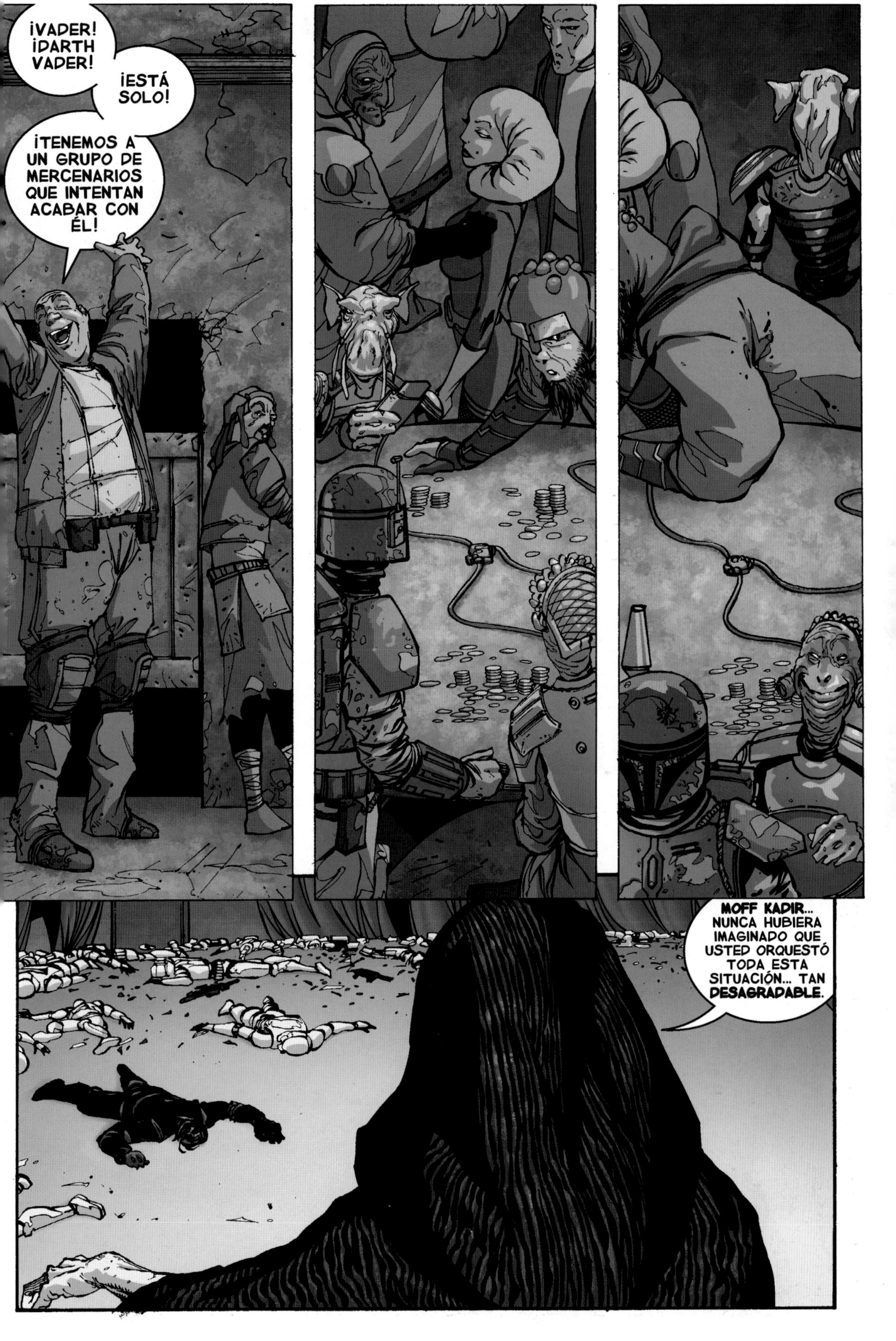
¡VADER! ¡DARTH VADER!
¡ESTÁ SOLO!
¡TENEMOS A UN GRUPO DE MERCENARIOS QUE INTENTAN ACABAR CON ÉL!
MOFF KADIR... NUNCA HUBIERA IMAGINADO QUE USTED ORQUESTÓ TODA ESTA SITUACIÓN... TAN **DESAGRADABLE**.

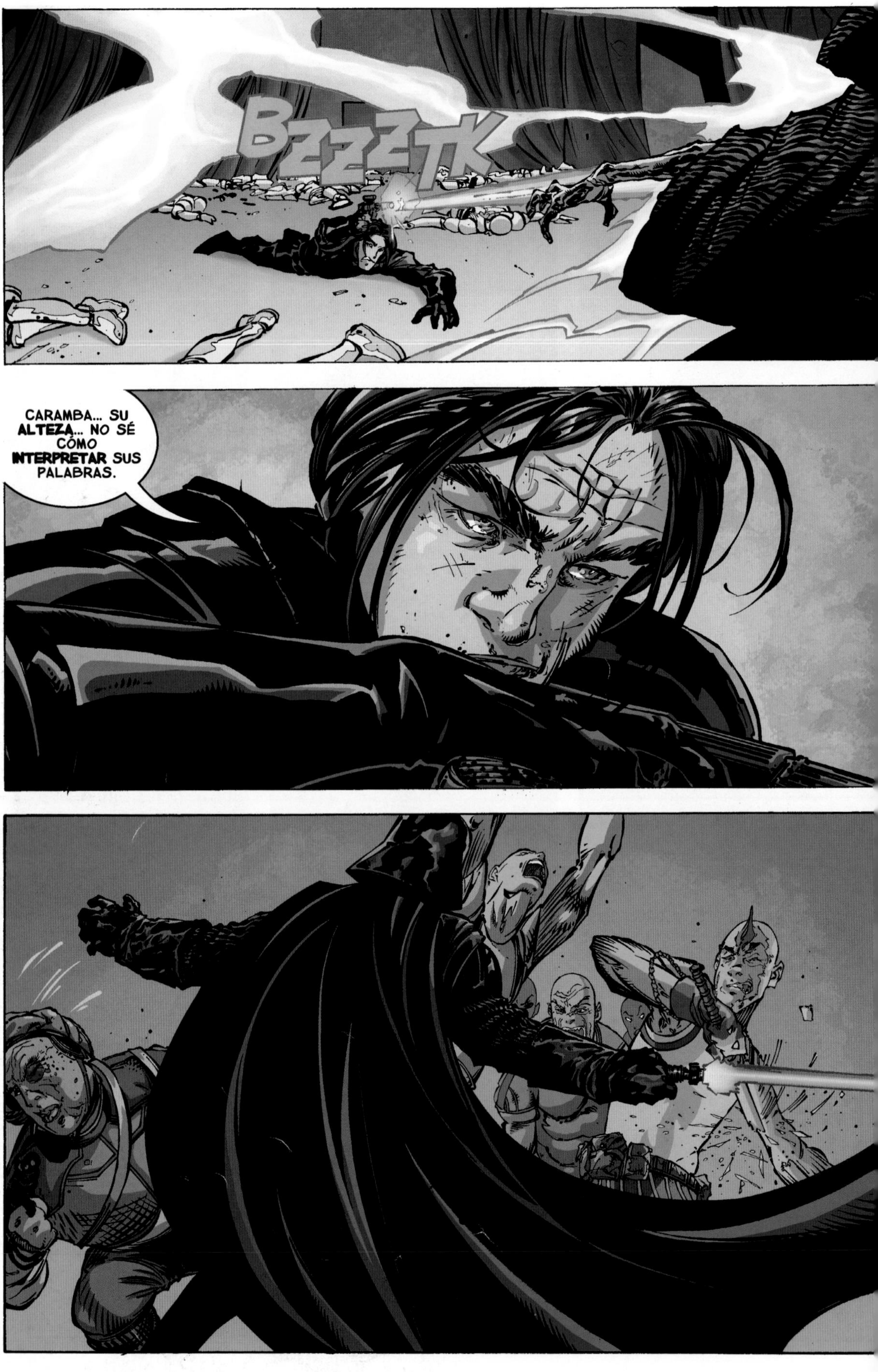
BZZZTK
CARAMBA... SU **ALTEZA**... NO SÉ CÓMO **INTERPRETAR** SUS PALABRAS.

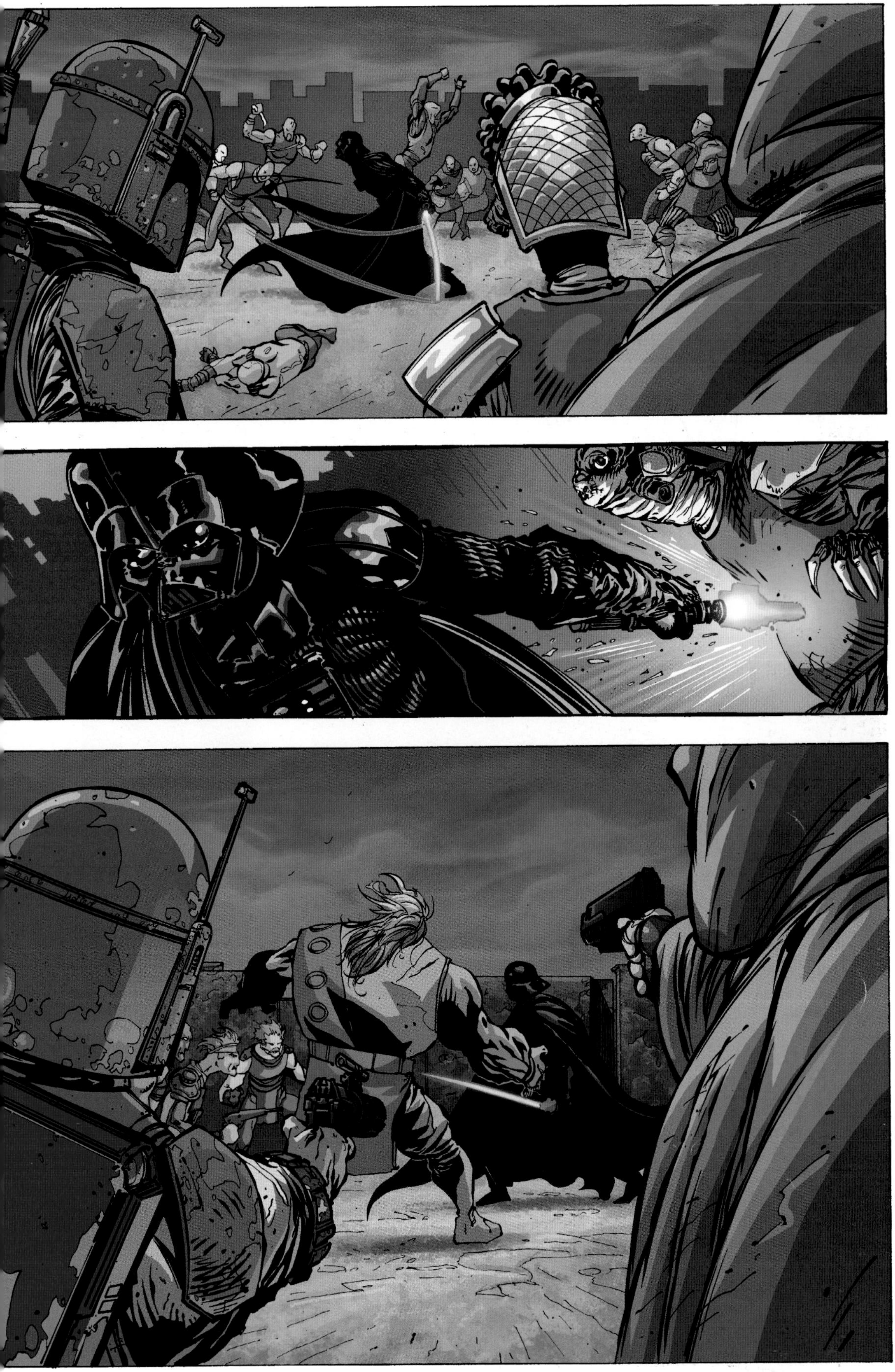

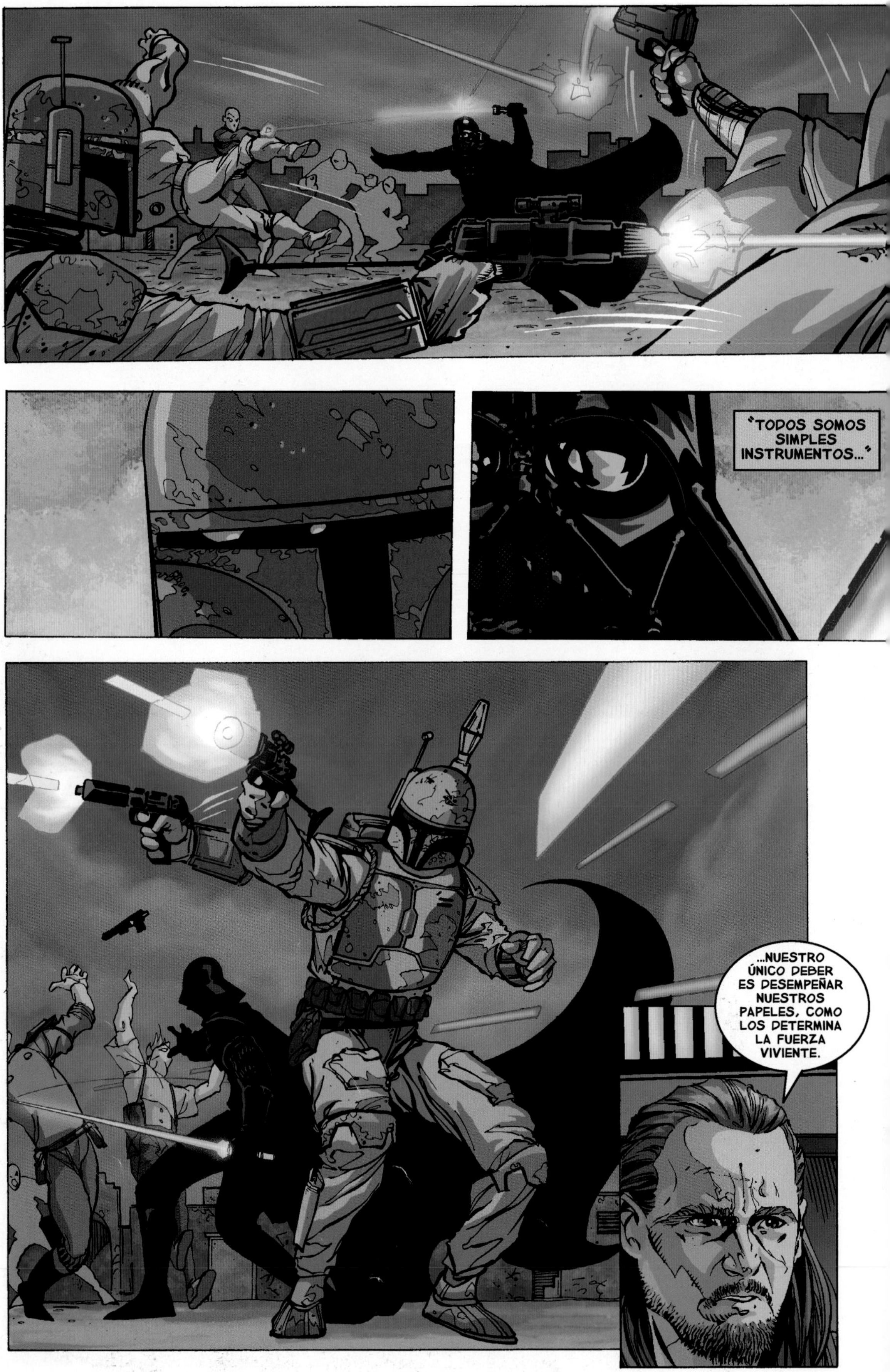
"TODOS SOMOS SIMPLES INSTRUMENTOS..."
...NUESTRO ÚNICO DEBER ES DESEMPEÑAR NUESTROS PAPELES, COMO LOS DETERMINA LA FUERZA VIVIENTE.

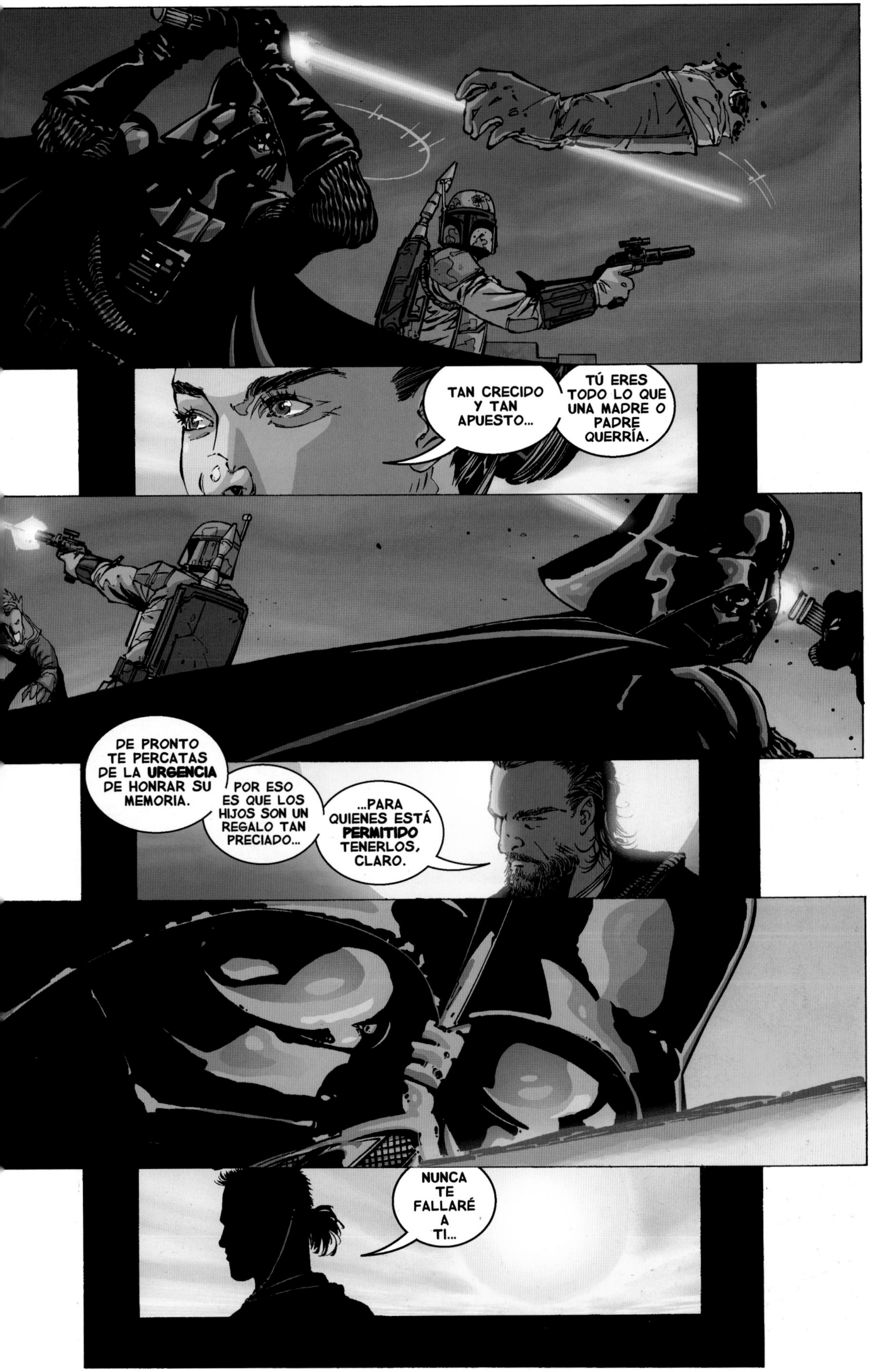
TAN CRECIDO Y TAN APUESTO...
TÚ ERES TODO LO QUE UNA MADRE O PADRE QUERRÍA.
DE PRONTO TE PERCATAS DE LA **URGENCIA** DE HONRAR SU MEMORIA.
POR ESO ES QUE LOS HIJOS SON UN REGALO TAN PRECIADO...
...PARA QUIENES ESTÁ **PERMITIDO** TENERLOS, CLARO.
NUNCA TE FALLARÉ A TI...

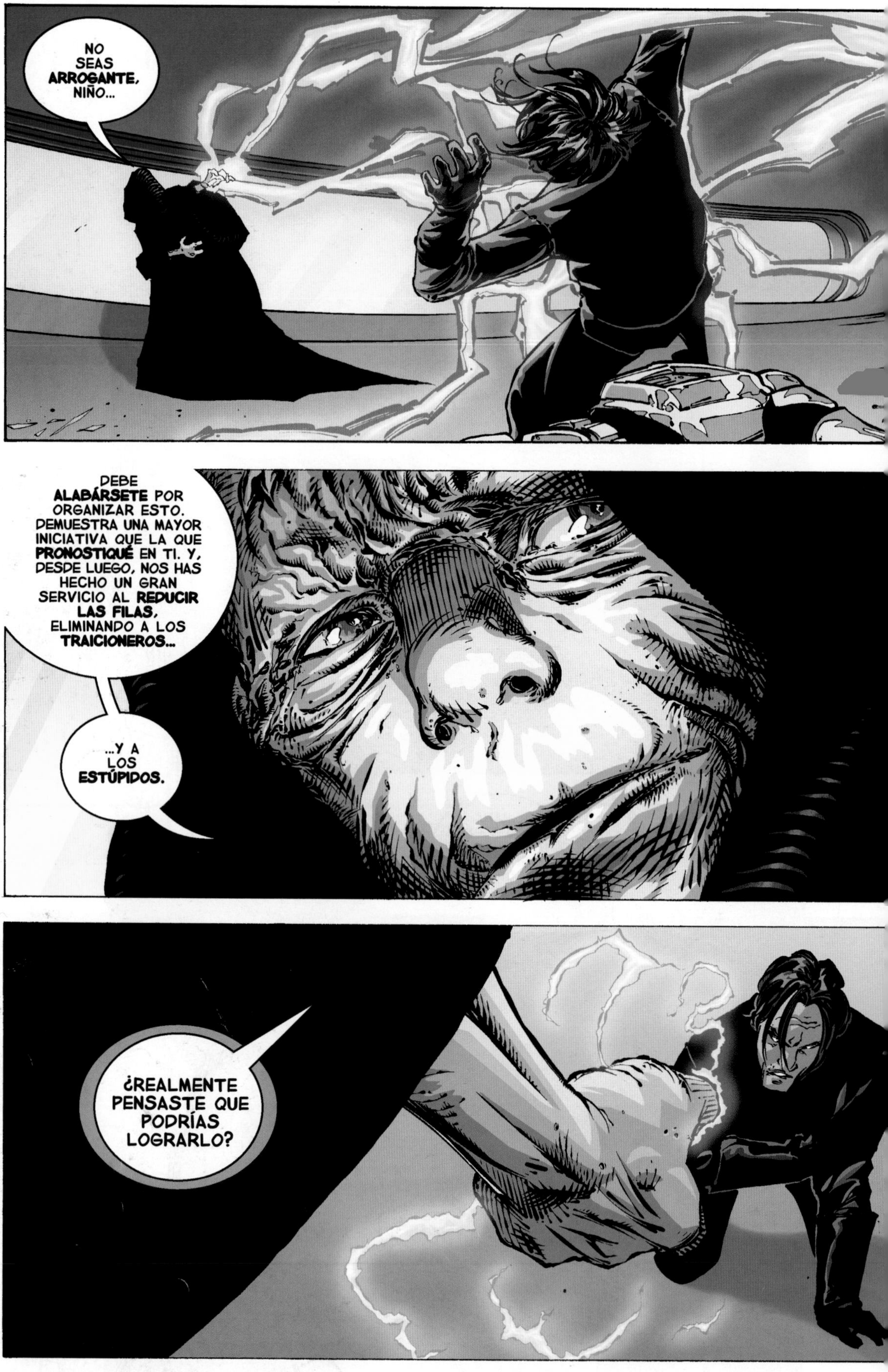
NO SEAS ARROGANTE, NIÑO...
DEBE ALABÁRSETE POR ORGANIZAR ESTO. DEMUESTRA UNA MAYOR INICIATIVA QUE LA QUE PRONOSTIQUÉ EN TI. Y, DESDE LUEGO, NOS HAS HECHO UN GRAN SERVICIO AL REDUCIR LAS FILAS, ELIMINANDO A LOS TRAICIONEROS...
...Y A LOS ESTÚPIDOS.
¿REALMENTE PENSASTE QUE PODRÍAS LOGRARLO?

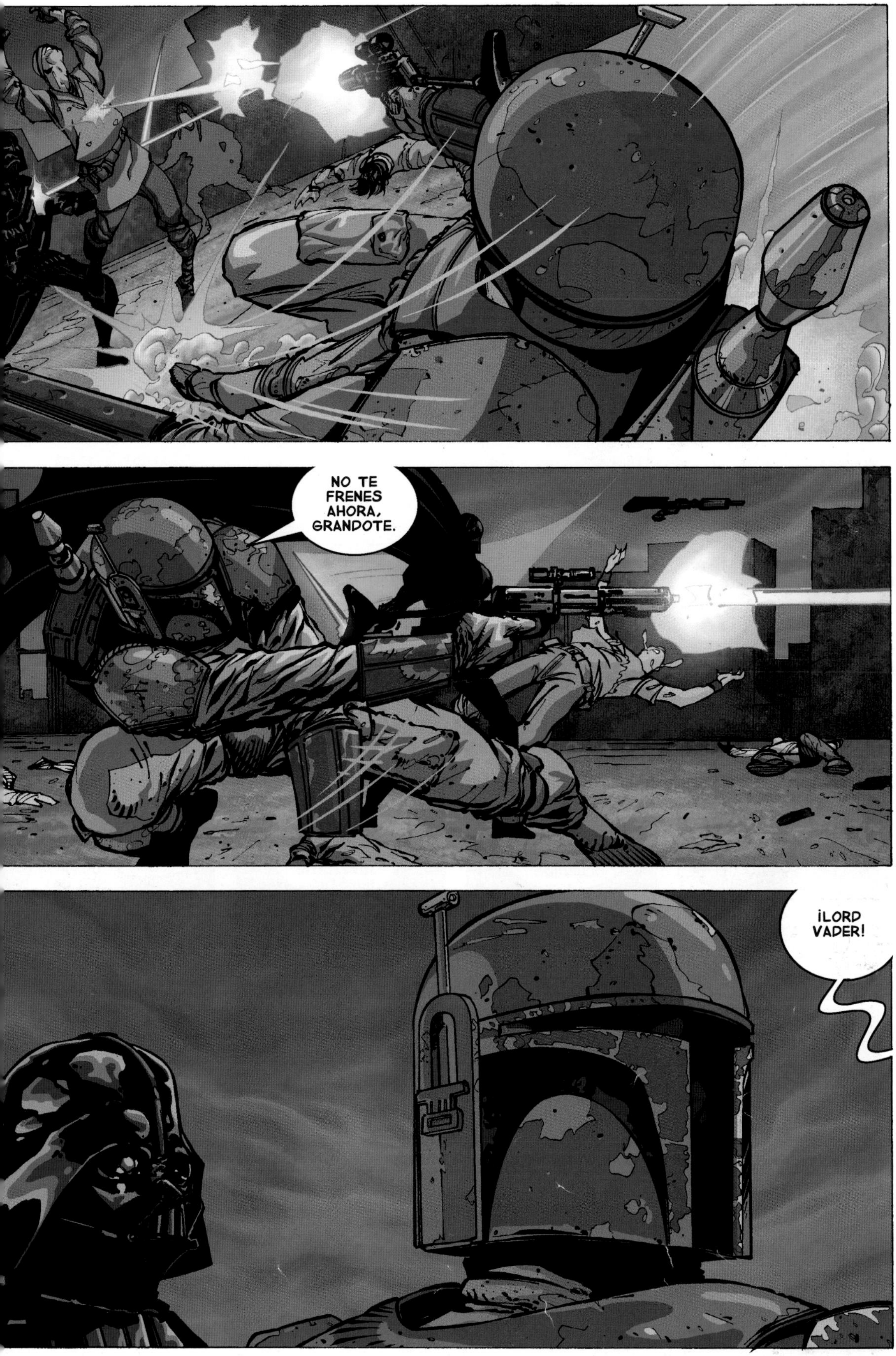
NO TE FRENES AHORA, GRANDOTE.
¡LORD VADER!

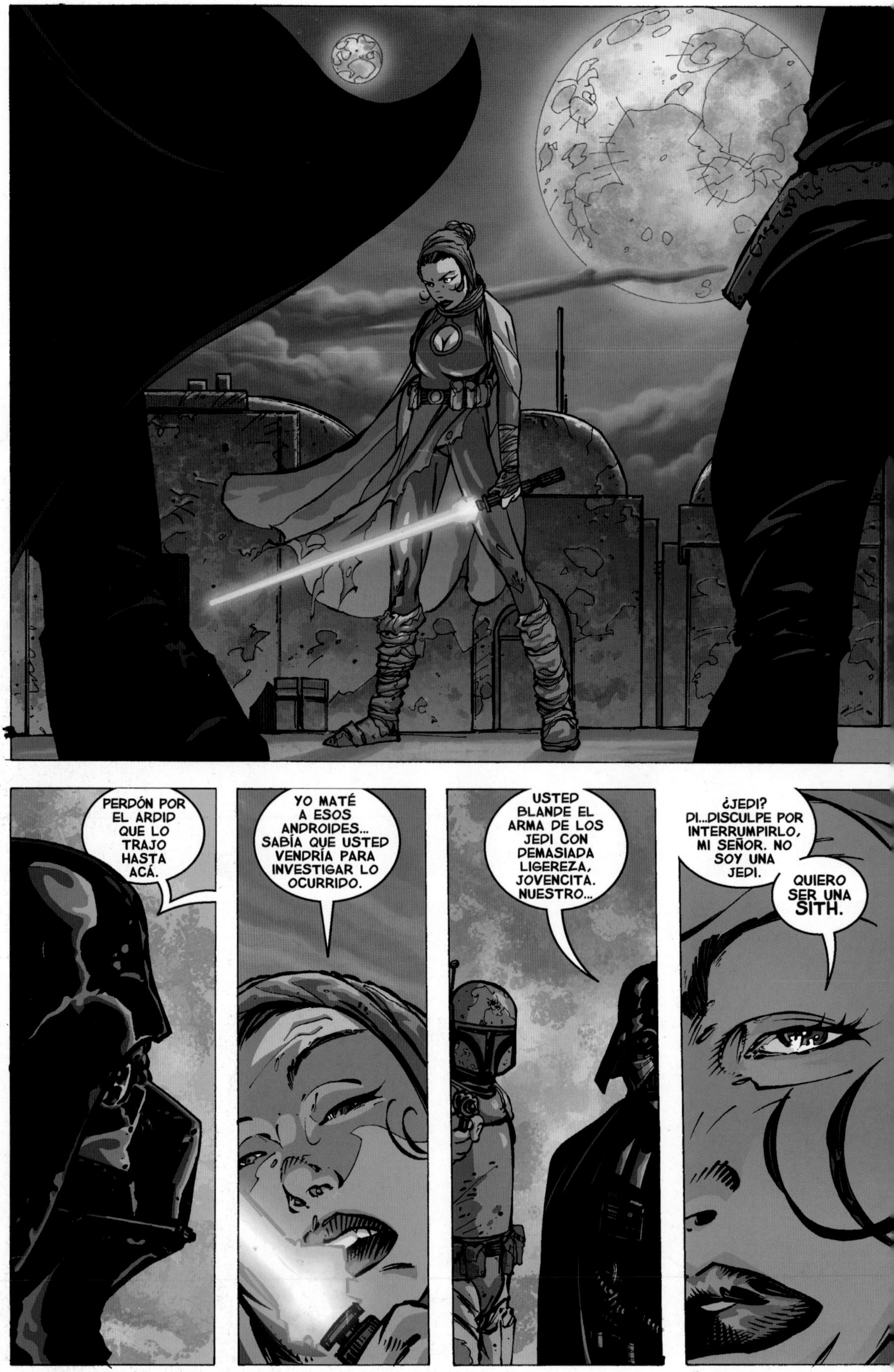
PERDÓN POR EL ARDID QUE LO TRAJO HASTA ACÁ.
YO MATÉ A ESOS ANDROIDES... SABÍA QUE USTED VENDRÍA PARA INVESTIGAR LO OCURRIDO.
USTED BLANDE EL ARMA DE LOS JEDI CON DEMASIADA LIGEREZA, JOVENCITA. NUESTRO...
¿JEDI? DI...DISCULPE POR INTERRUMPIRLO, MI SEÑOR. NO SOY UNA JEDI.
QUIERO SER UNA SITH.

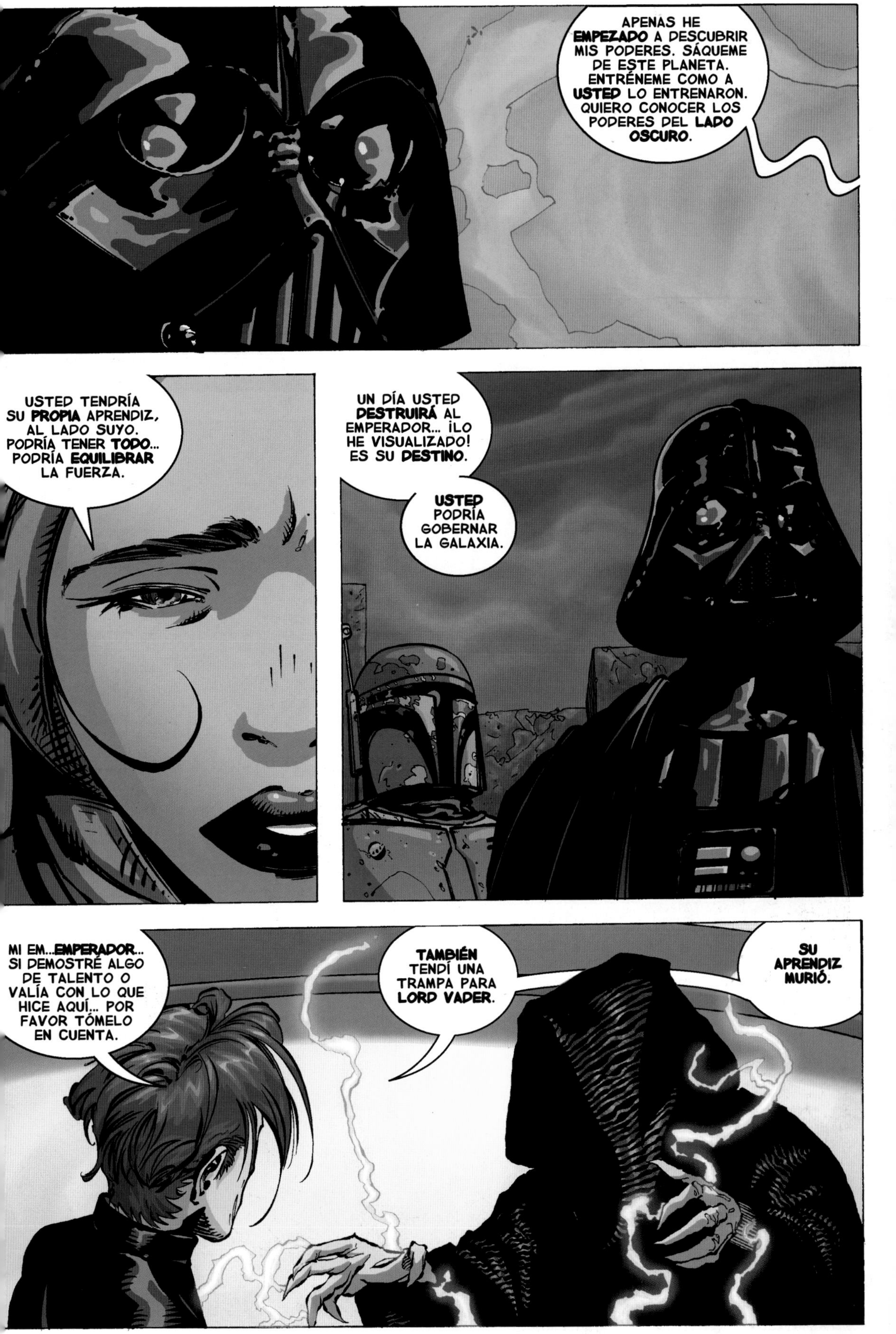
APENAS HE EMPEZADO A DESCUBRIR MIS PODERES. SÁQUEME DE ESTE PLANETA. ENTRÉNEME COMO A USTED LO ENTRENARON. QUIERO CONOCER LOS PODERES DEL LADO OSCURO.
USTED TENDRÍA SU PROPIA APRENDIZ, AL LADO SUYO. PODRÍA TENER TODO... PODRÍA EQUILIBRAR LA FUERZA.
UN DÍA USTED DESTRUIRÁ AL EMPERADOR... ¡LO HE VISUALIZADO! ES SU DESTINO.
USTED PODRÍA GOBERNAR LA GALAXIA.
MI EM...EMPERADOR... SI DEMOSTRÉ ALGO DE TALENTO O VALÍA CON LO QUE HICE AQUÍ... POR FAVOR TÓMELO EN CUENTA.
TAMBIÉN TENDÍ UNA TRAMPA PARA LORD VADER.
SU APRENDIZ MURIÓ.

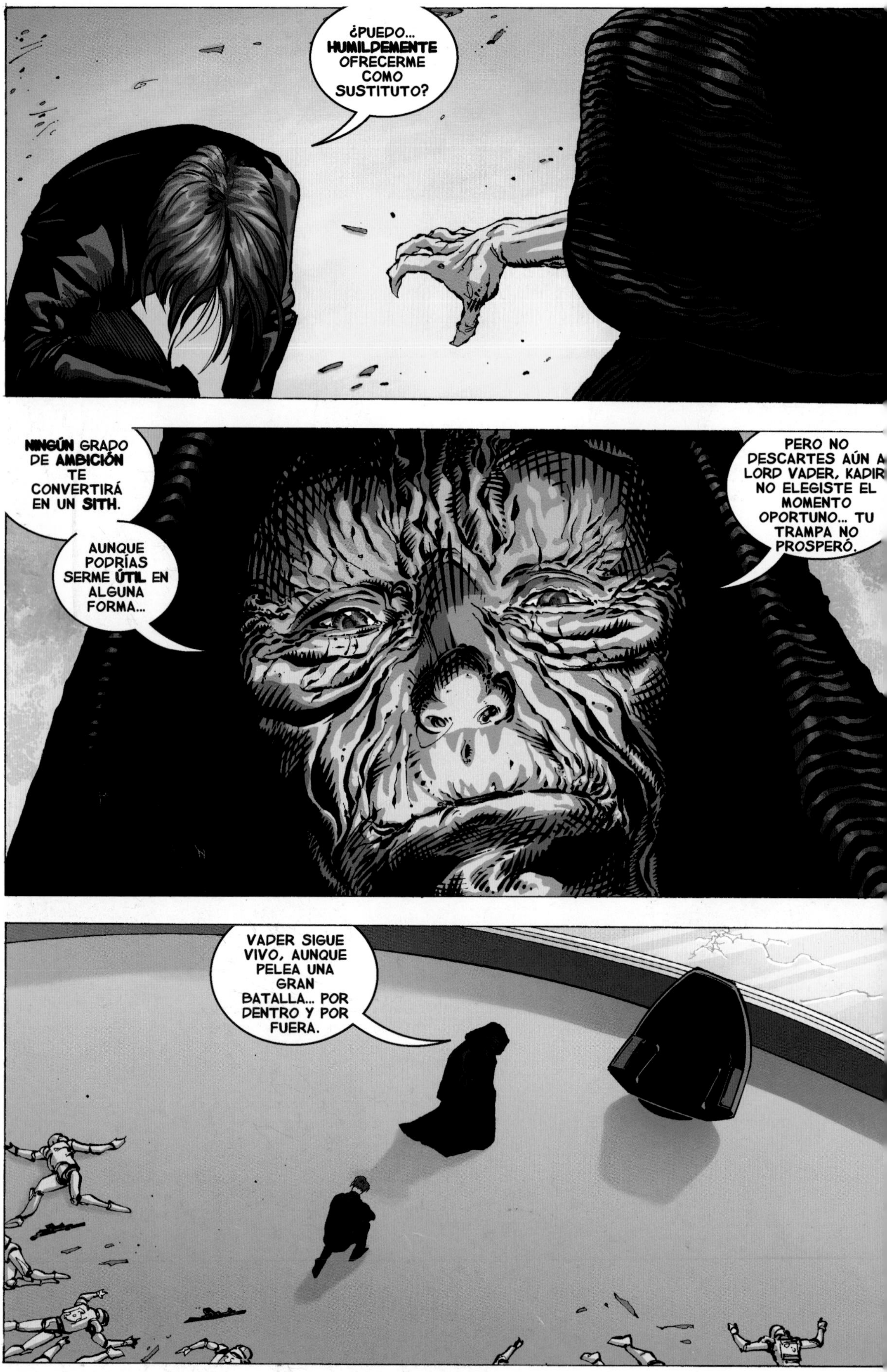
¿PUEDO... HUMILDEMENTE OFRECERME COMO SUSTITUTO?
NINGÚN GRADO DE AMBICIÓN TE CONVERTIRÁ EN UN SITH.
AUNQUE PODRÍAS SERME ÚTIL EN ALGUNA FORMA...
PERO NO DESCARTES AÚN A LORD VADER, KADIR. NO ELEGISTE EL MOMENTO OPORTUNO... TU TRAMPA NO PROSPERÓ.
VADER SIGUE VIVO, AUNQUE PELEA UNA GRAN BATALLA... POR DENTRO Y POR FUERA.

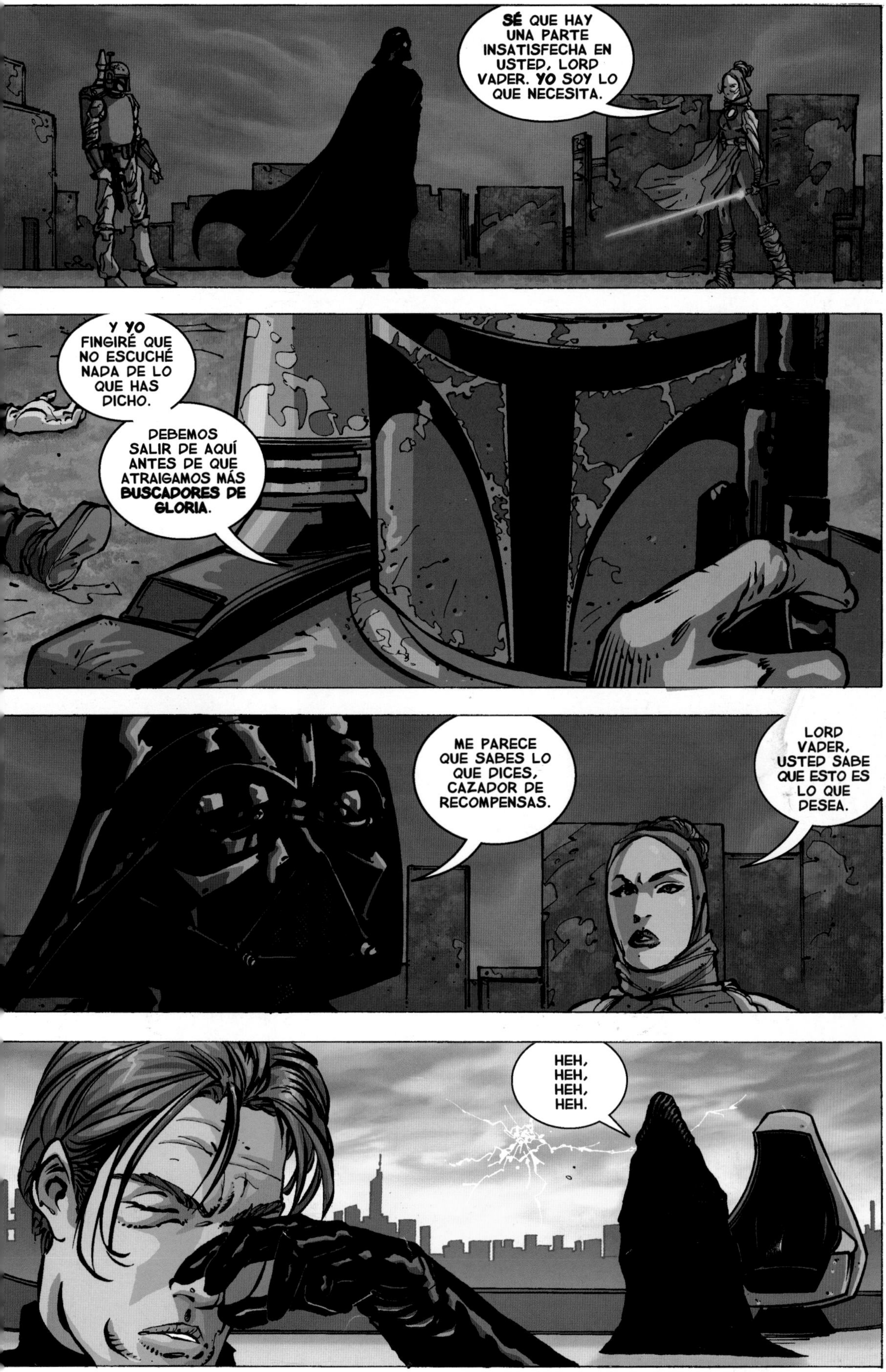
SÉ QUE HAY UNA PARTE INSATISFECHA EN USTED, LORD VADER. YO SOY LO QUE NECESITA.
Y YO FINGIRÉ QUE NO ESCUCHÉ NADA DE LO QUE HAS DICHO.
DEBEMOS SALIR DE AQUÍ ANTES DE QUE ATRAIGAMOS MÁS BUSCADORES DE GLORIA.
ME PARECE QUE SABES LO QUE DICES, CAZADOR DE RECOMPENSAS.
LORD VADER, USTED SABE QUE ESTO ES LO QUE DESEA.
HEH, HEH, HEH, HEH.

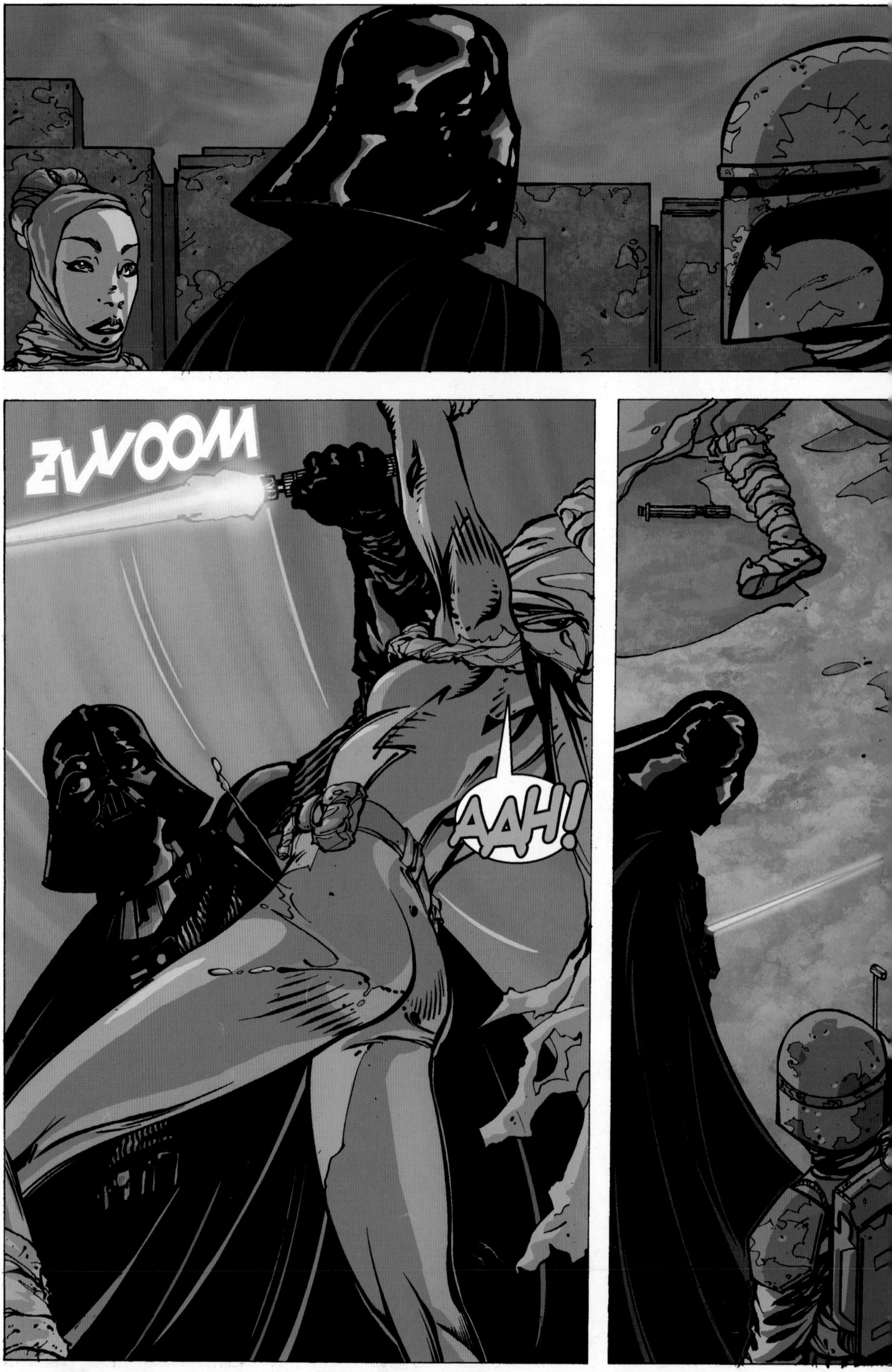
ZVVOOM
AAH!

SÓLO RECUERDE QUE ESE TIPO LO TENÍA EN LA MIRA. ERAN DEMASIADOS Y YO LO AYUDÉ.

QUIZÁ SIMPLEMENTE SEAS MÁS HÁBIL PARA CALCULAR LAS PROBABILIDADES DE LO QUE CREES.

TU ASTUCIA TE TRAJO HASTA ESTE PUNTO, MI JOVEN CONSPIRADOR.

AL MENOS TE GANASTE EL HONOR DE VER CÓMO TERMINA LA PARTIDA...

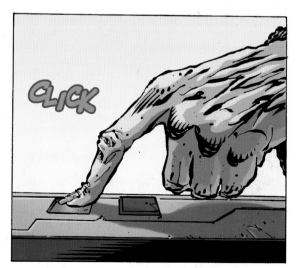

CLICK

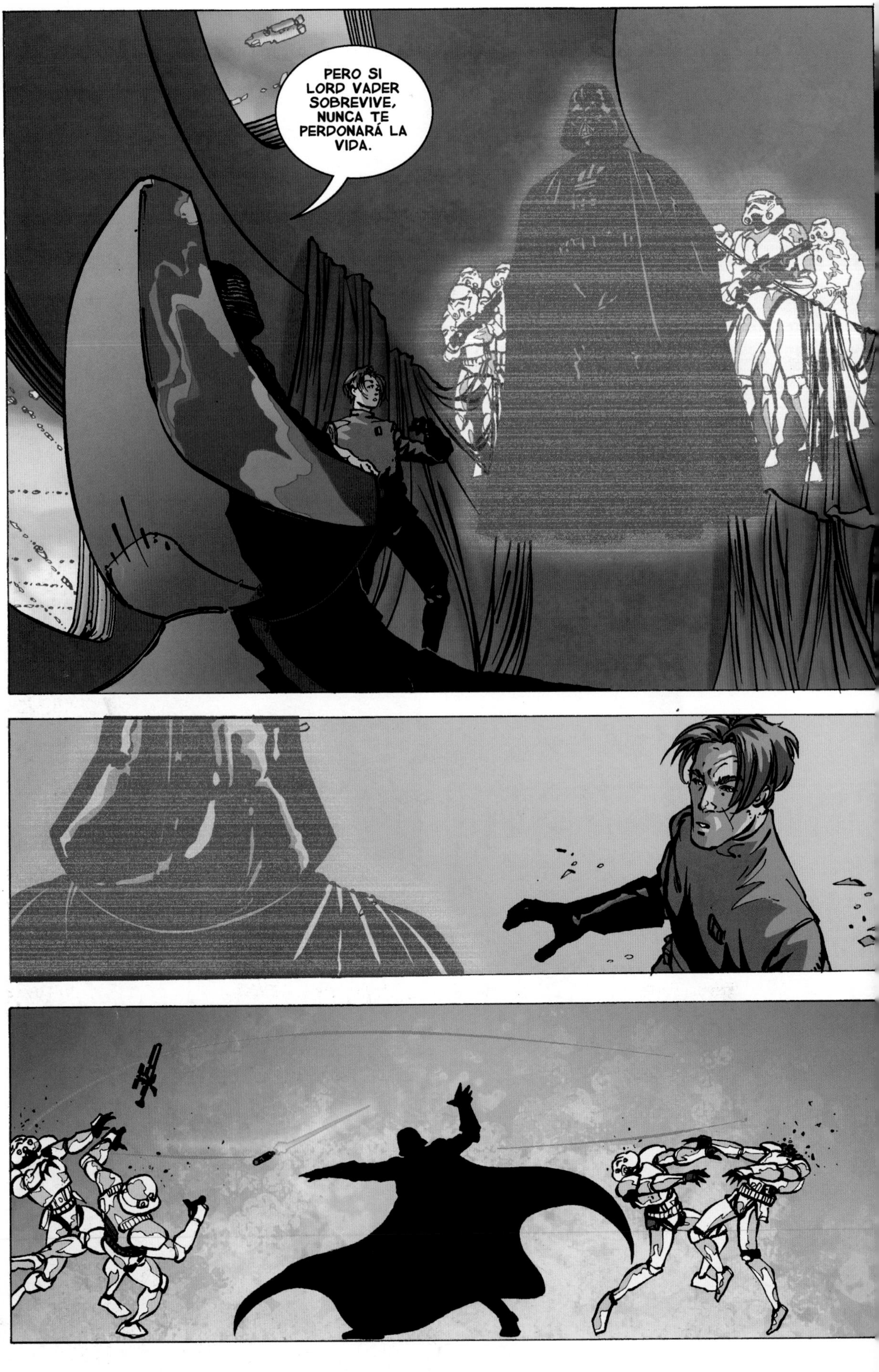
PERO SI LORD VADER SOBREVIVE, NUNCA TE PERDONARÁ LA VIDA.

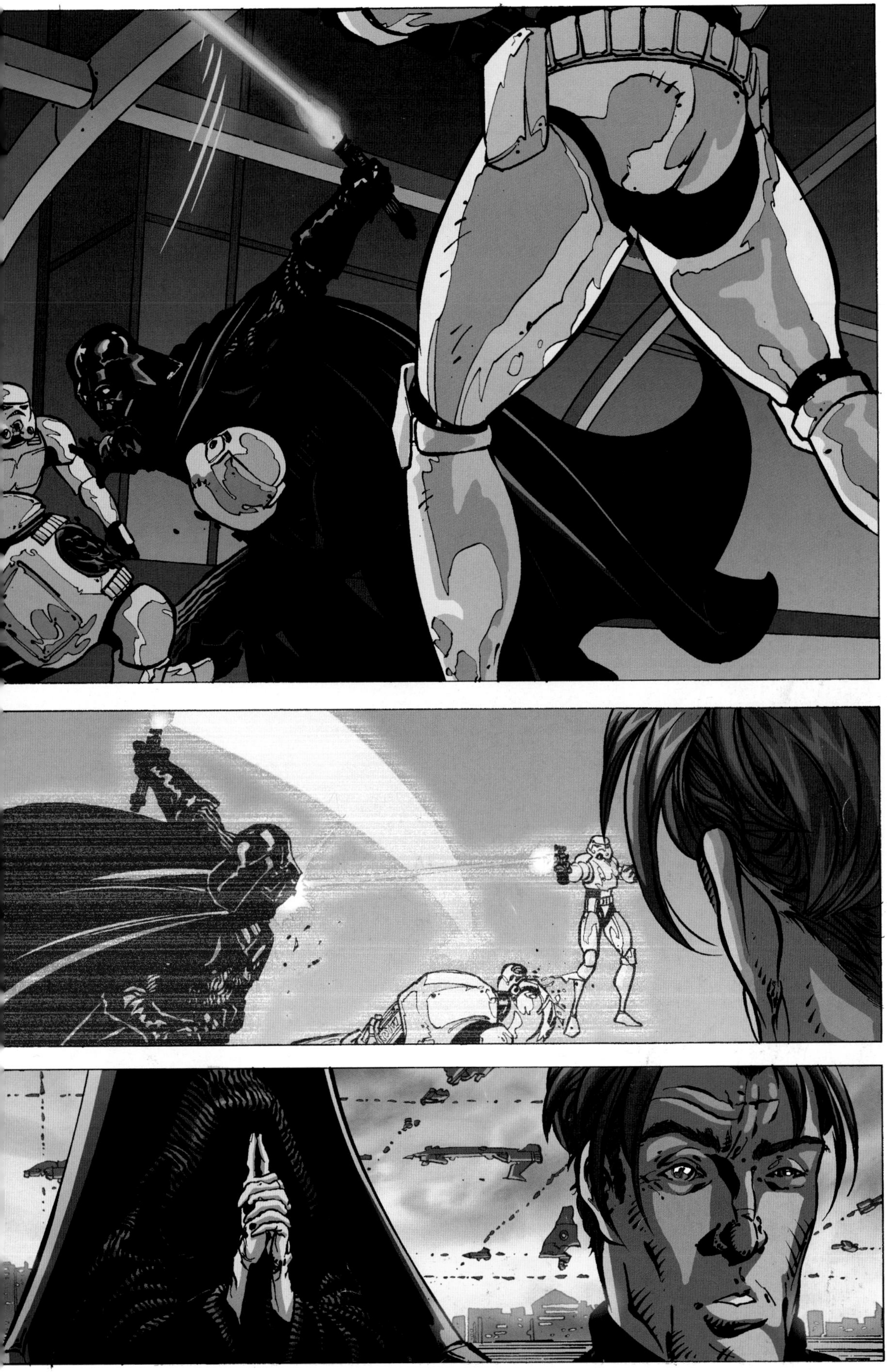

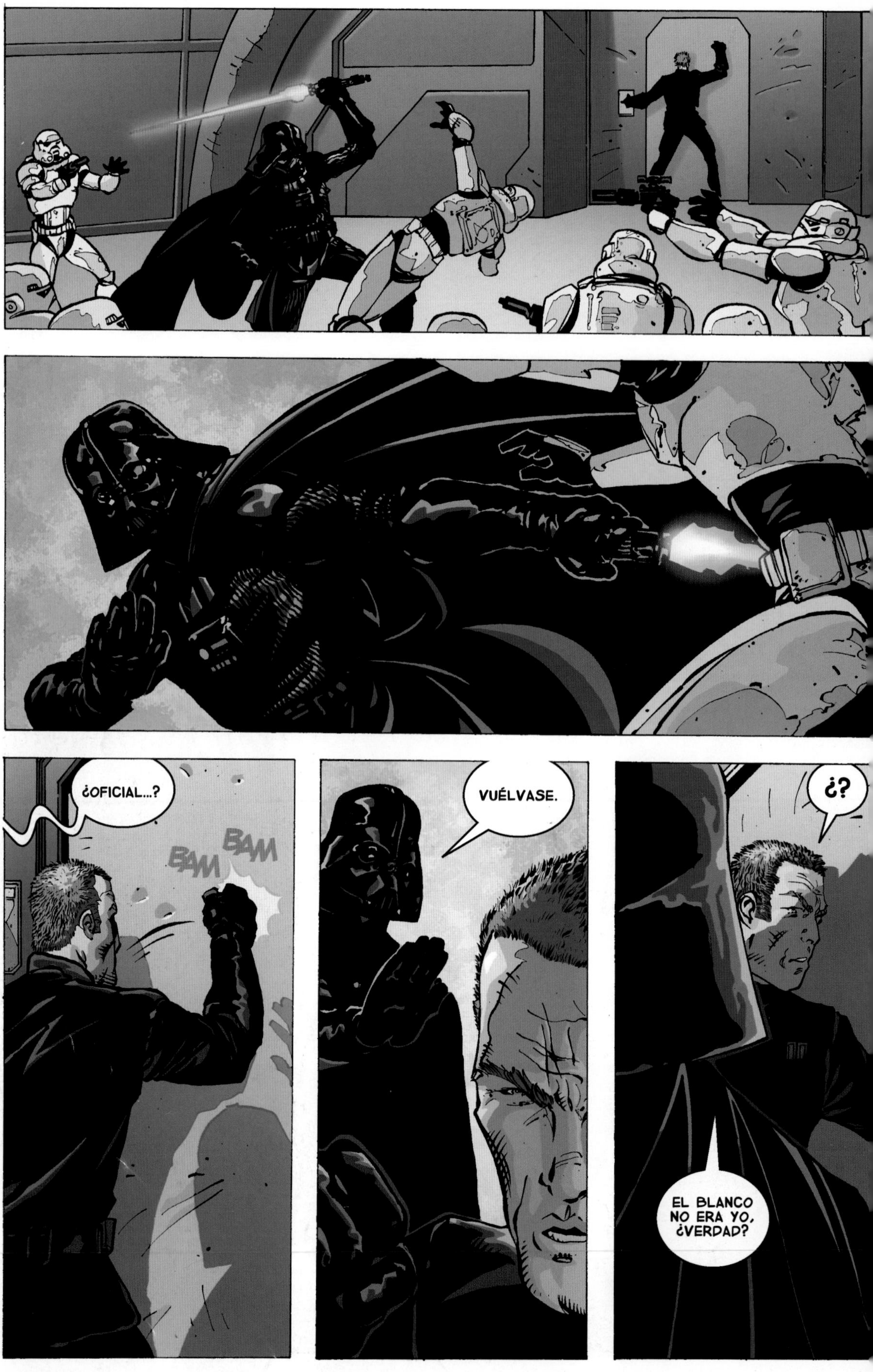
¿OFICIAL...?
BAM
BAM
VUÉLVASE.
¿?
EL BLANCO NO ERA YO, ¿VERDAD?

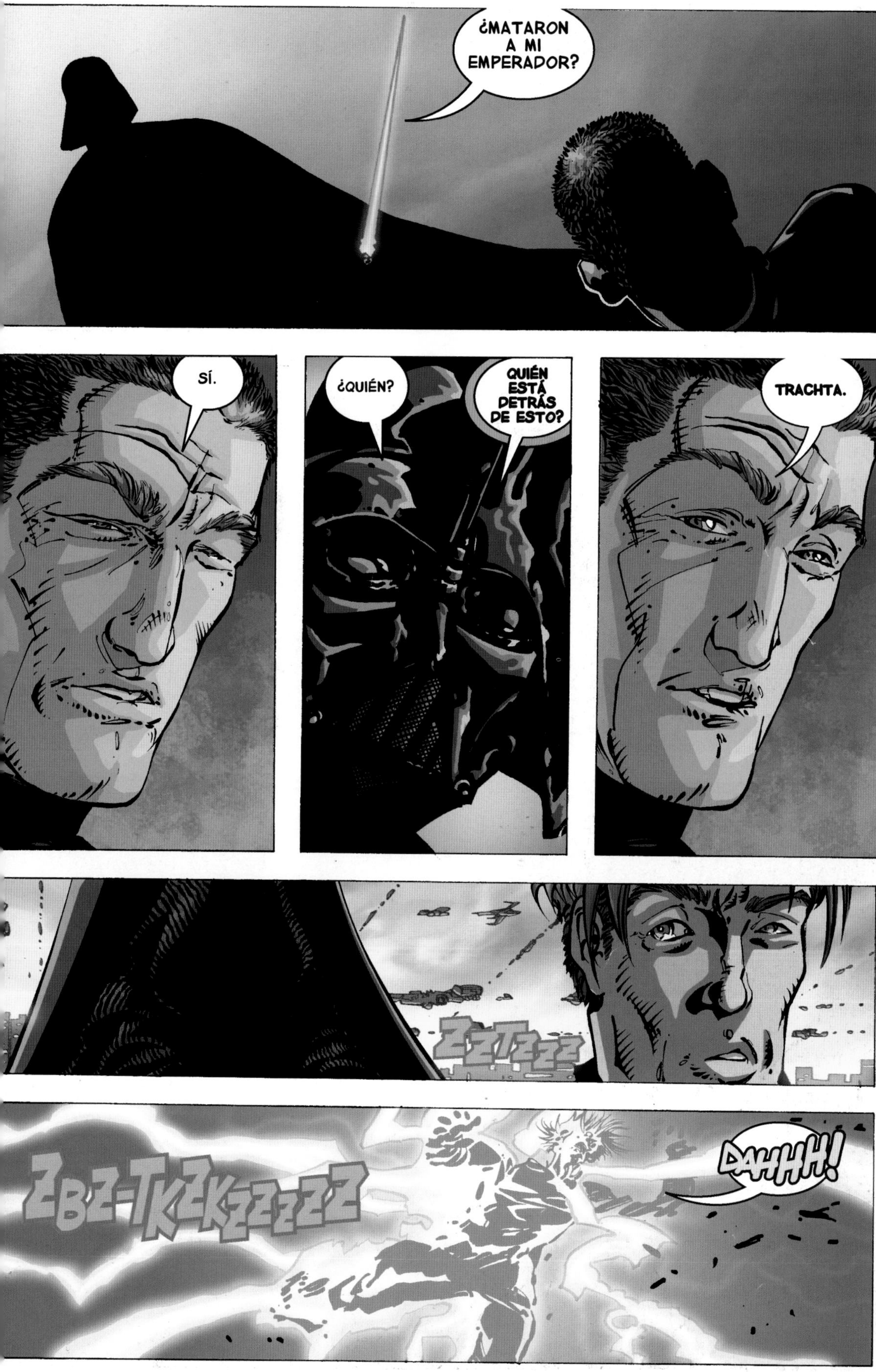
¿MATARON A MI EMPERADOR?
SÍ.
¿QUIÉN?
QUIÉN ESTÁ DETRÁS DE ESTO?
TRACHTA.
ZZTZZZ
ZBZ-TKZKZZZZZ
DAHHH!

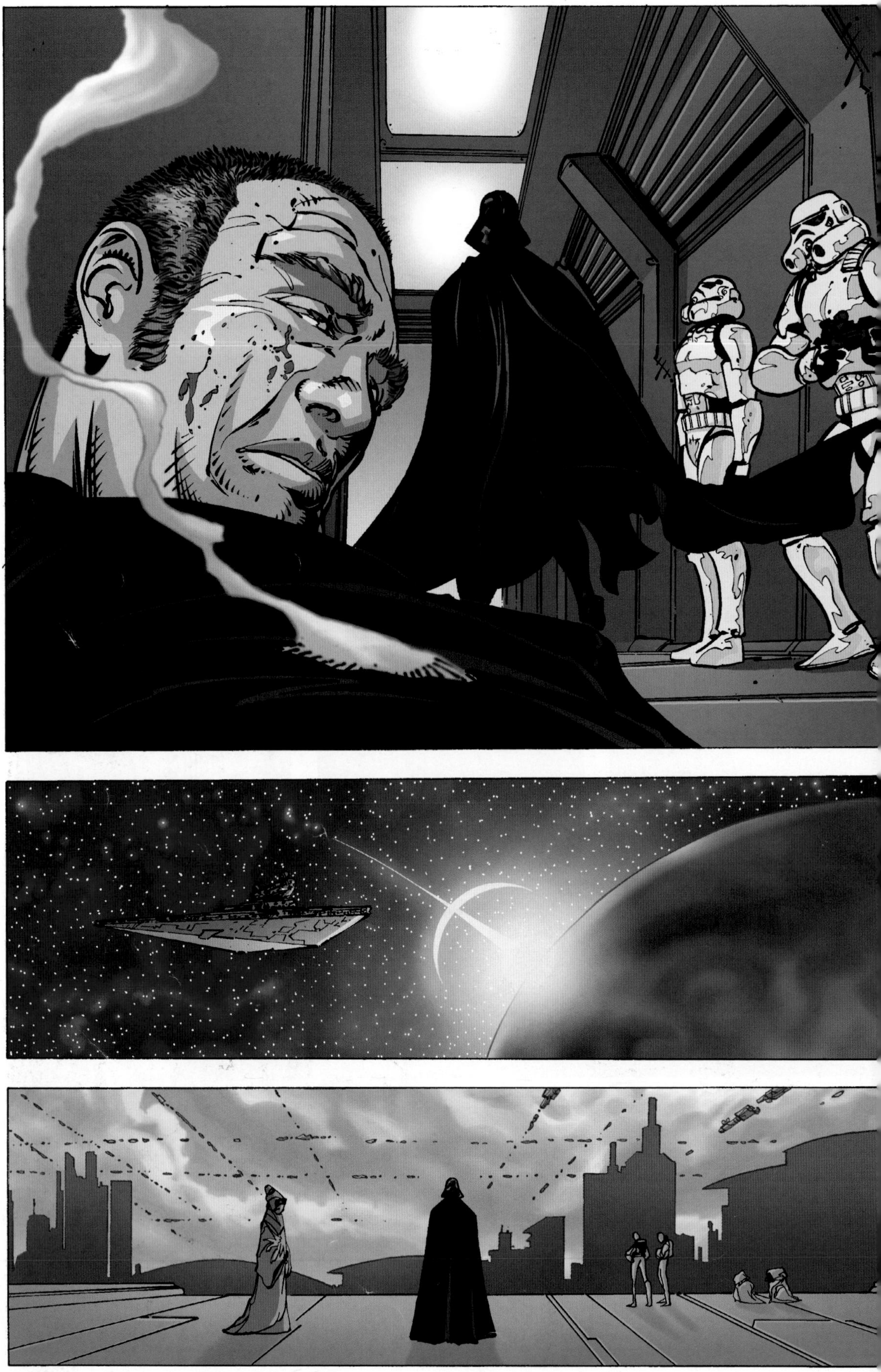

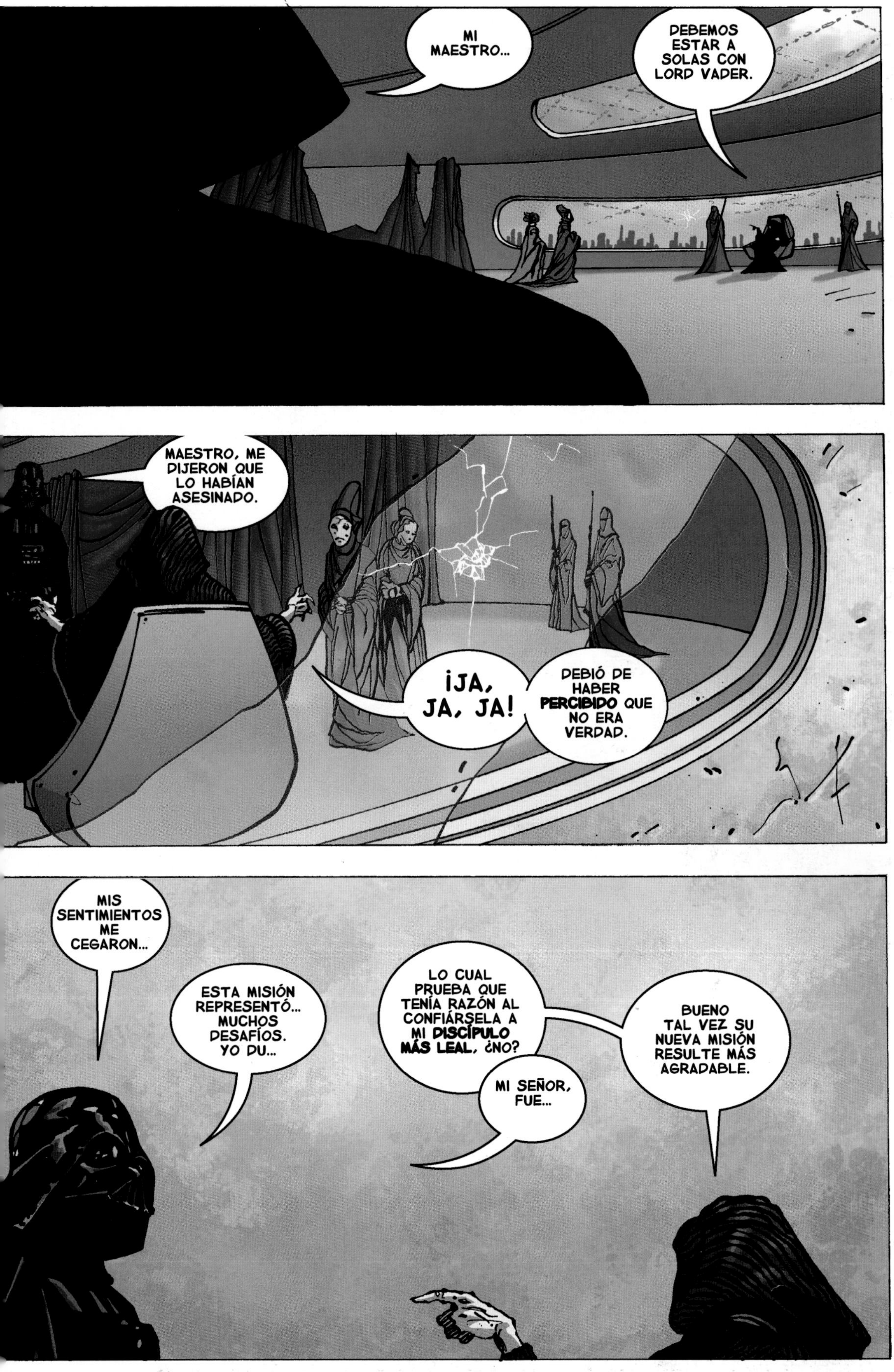
MI MAESTRO...
DEBEMOS ESTAR A SOLAS CON LORD VADER.
MAESTRO, ME DIJERON QUE LO HABÍAN ASESINADO.
¡JA, JA, JA!
DEBIÓ DE HABER **PERCIBIDO** QUE NO ERA VERDAD.
MIS SENTIMIENTOS ME CEGARON...
ESTA MISIÓN REPRESENTÓ... MUCHOS DESAFÍOS. YO DU...
LO CUAL PRUEBA QUE TENÍA RAZÓN AL CONFIÁRSELA A MI **DISCÍPULO MÁS LEAL**, ¿NO?
MI SEÑOR, FUE...
BUENO TAL VEZ SU NUEVA MISIÓN RESULTE MÁS AGRADABLE.

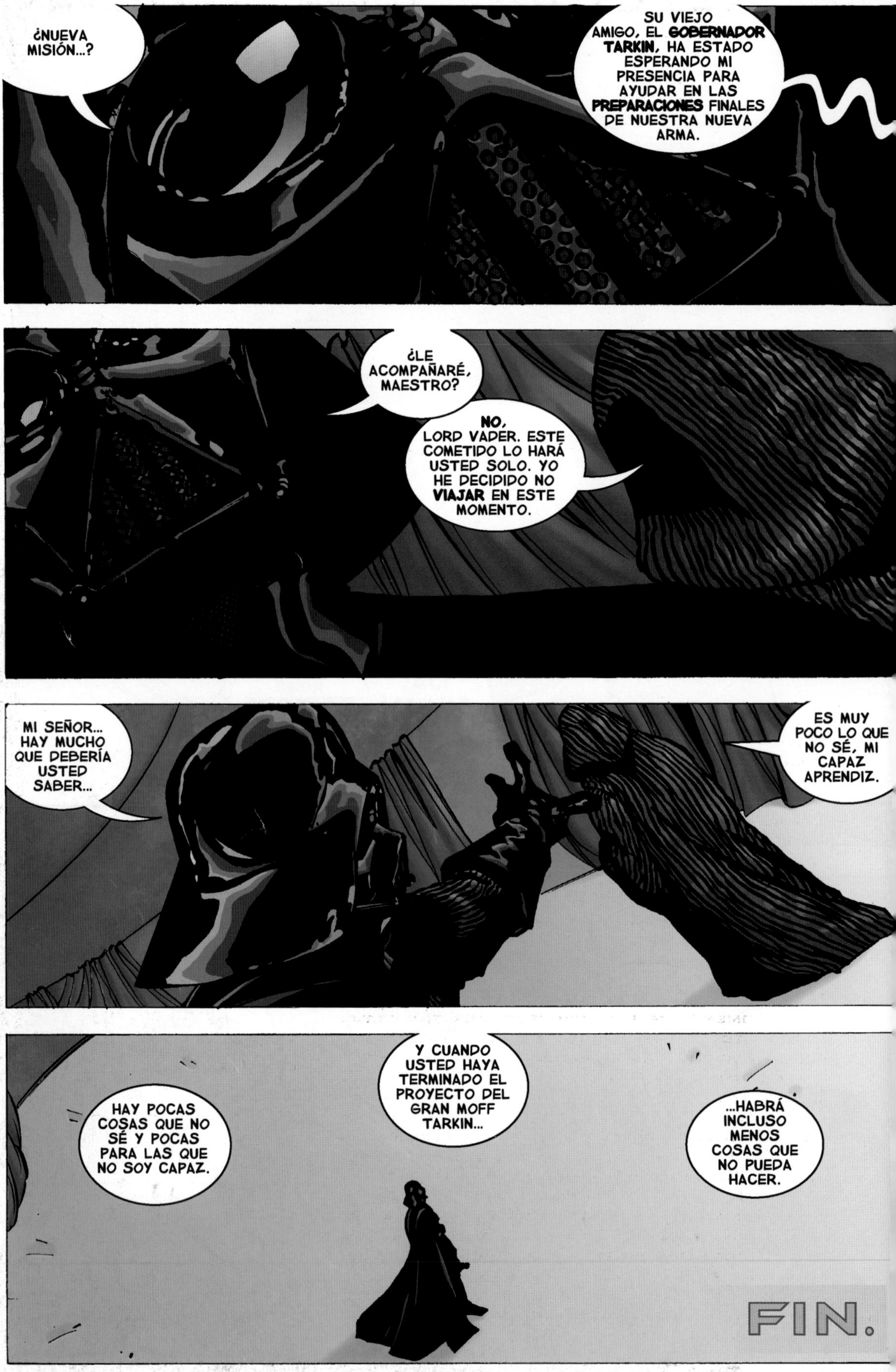
¿NUEVA MISIÓN...?
SU VIEJO AMIGO, EL GOBERNADOR TARKIN, HA ESTADO ESPERANDO MI PRESENCIA PARA AYUDAR EN LAS PREPARACIONES FINALES DE NUESTRA NUEVA ARMA.
¿LE ACOMPAÑARÉ, MAESTRO?
NO, LORD VADER. ESTE COMETIDO LO HARÁ USTED SOLO. YO HE DECIDIDO NO VIAJAR EN ESTE MOMENTO.
MI SEÑOR... HAY MUCHO QUE DEBERÍA USTED SABER...
ES MUY POCO LO QUE NO SÉ, MI CAPAZ APRENDIZ.
HAY POCAS COSAS QUE NO SÉ Y POCAS PARA LAS QUE NO SOY CAPAZ.
Y CUANDO USTED HAYA TERMINADO EL PROYECTO DEL GRAN MOFF TARKIN...
...HABRÁ INCLUSO MENOS COSAS QUE NO PUEDA HACER.
FIN.

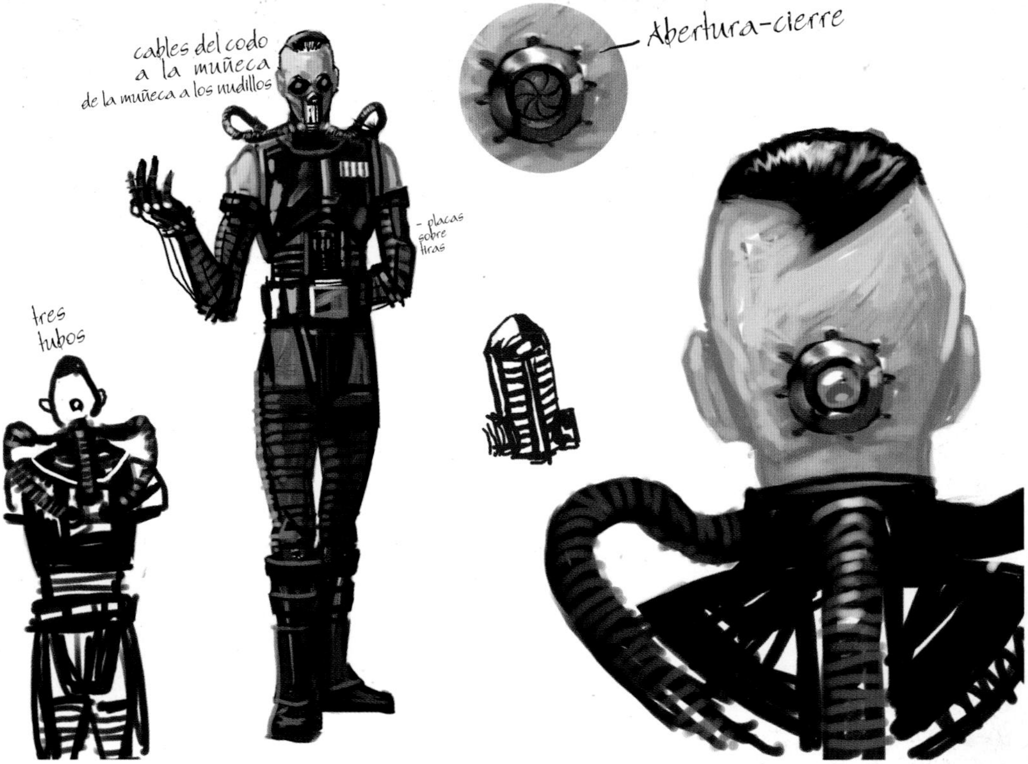
cables del codo
a la muñeca
de la muñeca a los nudillos
Abertura-cierre
- placas sobre tiras
tres tubos

## Traición en "Traición"

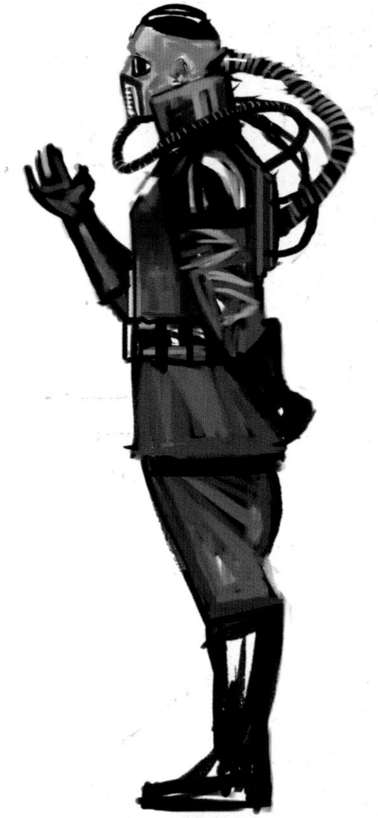

Cuando el escritor Scott Allie comenzó a fraguar la historia de "Traición", uno de los primeros personajes en los que pensó fue en el Gran Moff Trachta. Originalmente concebido como la fuerza impulsora tras el complot para matar al Emperador y a Vader, las múltiples adiciones al cuerpo de Trachta sugieren que sufrió una herida terrible en algún momento del pasado. Como puede verse en los diseños del artista Brian Horton, Trachta hizo personalmente algunas de las mejoras a sus partes mecánicas sustentadoras de vida.

Si bien la historia del pasado de Trachta está, en el momento de escribir esto, aún envuelta en el misterio, su futuro se esclareció mientras Allie desarrollaba "Traición". Aunque el Gran Moff comenzó como el líder de los conspiradores, Allie descubrió que los demás personajes estaban poseídos al menos por la misma ambición y crueldad. El autor acabó por percatarse de que el Gran Moff Kadir y el asesino Gauer intentarían usurpar el control de Trachta, ¡sin importar lo que éste hubiera planeado en un principio! Al permanecer fieles a las motivaciones con las que los había imbuido su creador, los propios personajes de Allie "traicionaron" lo que se propuso y llevaron la historia a una conclusión ligeramente diferente de lo que esperaba...

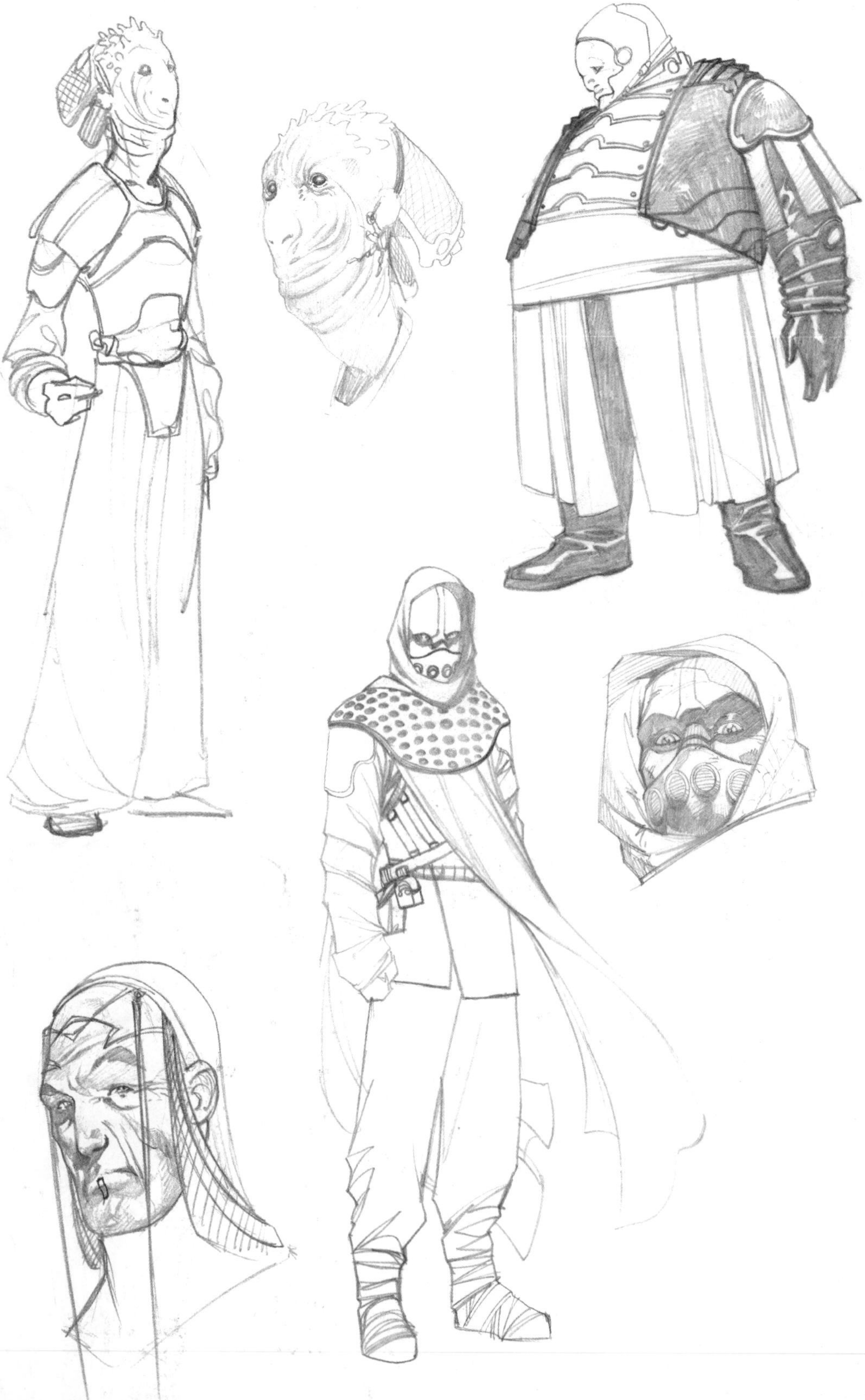

Ilustración de Ryan Benjamin

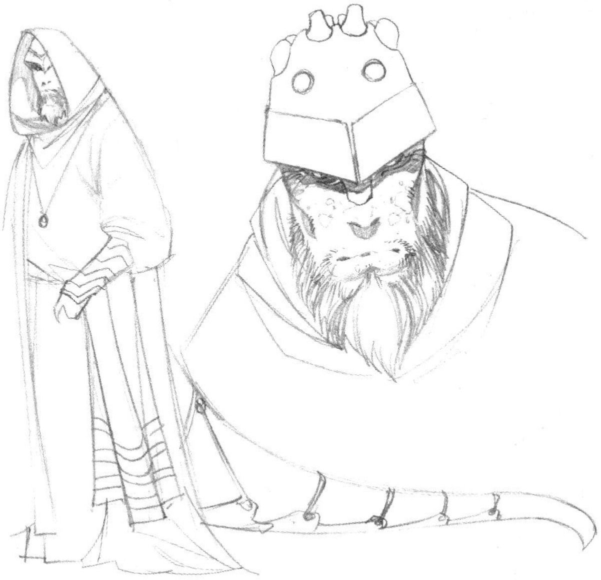

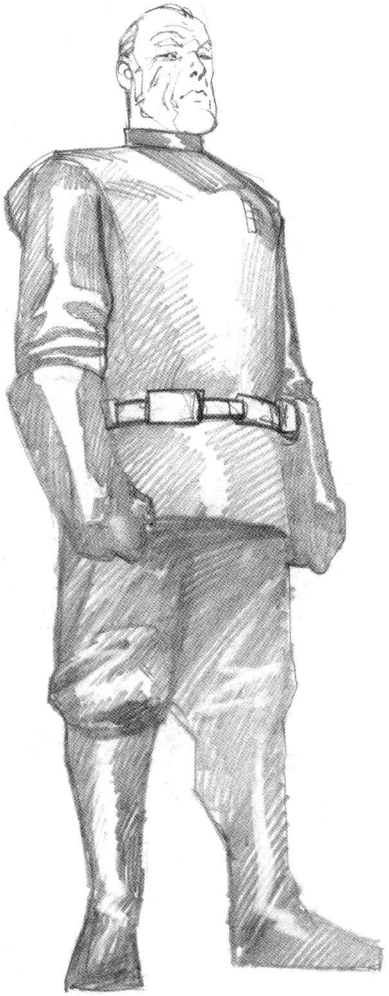

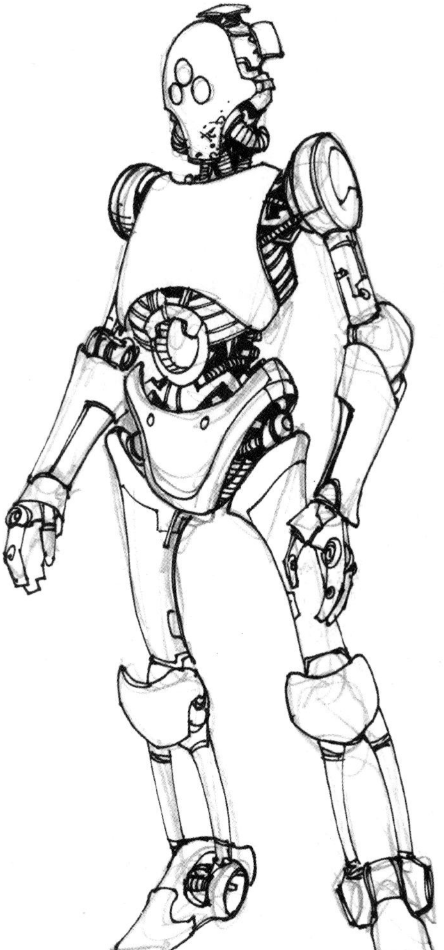

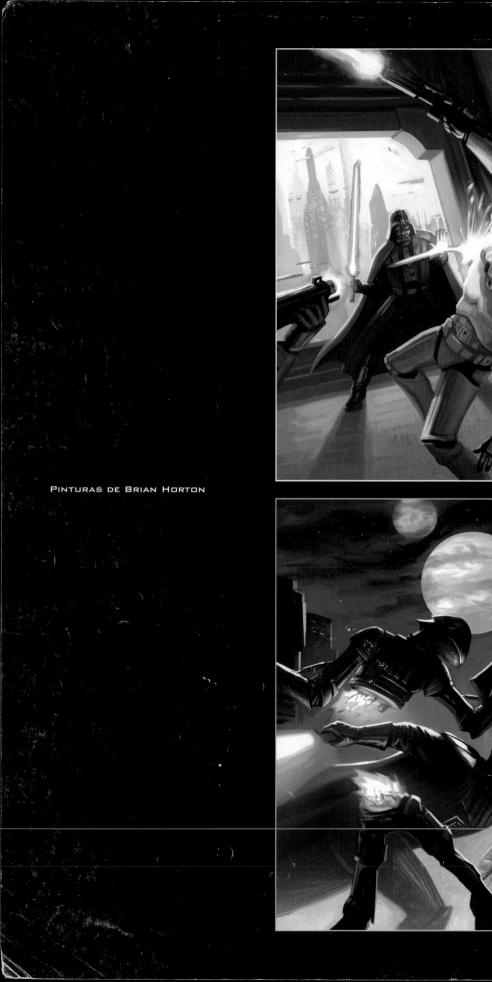

Pinturas de Brian Horton

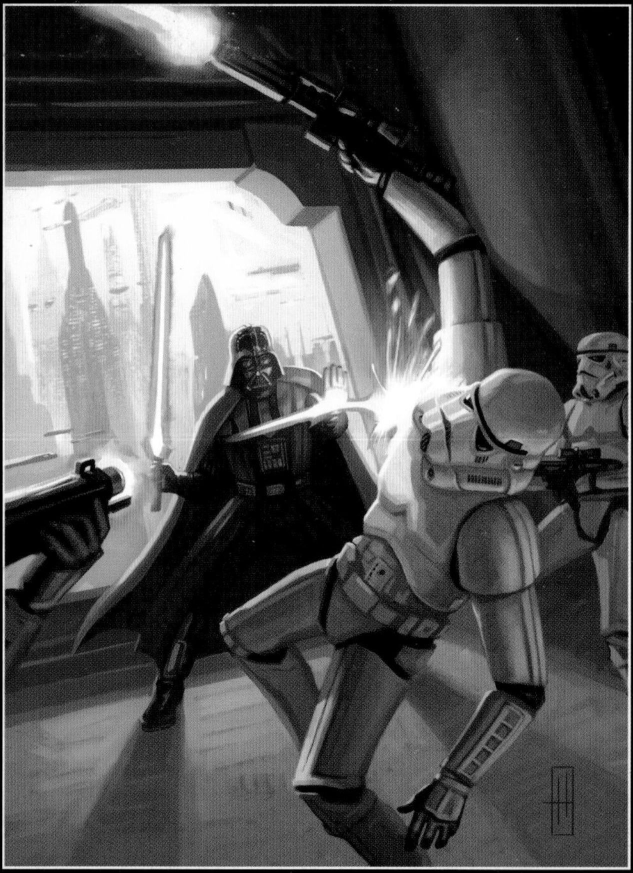

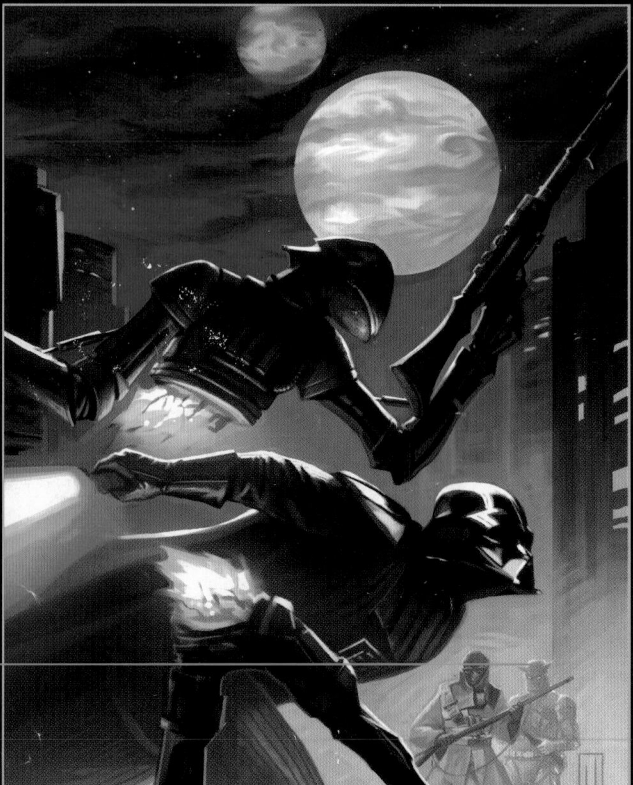